“最美中国”丛书(第二版)

最美的园林

夏业柱 著

图书在版编目(CIP)数据

最美的园林/夏业柱著．—2版．—合肥：合肥工业大学出版社，2017.12（2019.3重印）
（最美中国丛书）
ISBN 978－7－5650－3758－0

Ⅰ.①最… Ⅱ.①夏… Ⅲ.①古典园林—介绍—中国 Ⅳ.①K928.73

中国版本图书馆CIP数据核字(2017)第325256号

最美的园林

夏业柱 著　　　责任编辑 朱移山 张 慧

出 版	合肥工业大学出版社	版 次	2012年12月第1版
地 址	合肥市屯溪路193号		2017年12月第2版
邮 编	230009	印 次	2019年3月第3次印刷
电 话	总 编 室：0551－62903038	开 本	710毫米×1000毫米 1/16
	市场营销部：0551－62903198	印 张	10　字 数 153千字
网 址	www.hfutpress.com.cn	印 刷	河北锐文印刷有限公司
E-mail	hfutpress@163.com	发 行	全国新华书店

ISBN 978－7－5650－3758－0　　　定价：38.00元

如果有影响阅读的印装质量问题，请与出版社市场营销部联系调换。

序

赵 焰

一直以为，中国传统文化的精髓，从时间上说，是在明朝之前的。明朝之前，占据社会主流的，是清明理性的孔孟之道。崇尚自然、游离社会的道学，作为主流思想的补充，与儒学一起“相辅相成”“一阴一阳”，使得社会主流思想具有强大活力。从总体上来说，中国文化的源头，无论是周公、老子、孔子，还是后来的诸子百家，比如说孟子、荀子、庄子、韩非子、墨子等等，都对人生保持清醒、冷静的理性态度，保持孔子学说实践理性的基本精神，即对待人生、社会的积极进取精神；服从理性的清醒态度；重实用轻思辨、重人事轻鬼神的思维模式；善于协调，讲究秩序，在人伦日用中保持满足和平衡的生活习惯……中国文化的源头如此，决定了汉民族的心理结构和精神走向，包括汉民族理想追求、文化风格以及审美倾向。

中国文化在明朝之前，占据社会主流的，是高蹈的士大夫精神。最显著的表现在于：遵从天地人伦之间的道德，有高远的理想，讲究人格的修炼，反对人生世俗化，鄙视犬儒的人格特征。比如说孔子，从他的言语来看，更像是倡导一种人生价值观，追求人生的美学意义。又比如说庄子，他的学说，不像是哲学，更像是一种生活美学：道是无情却有情，看似说了很多超脱、冷酷的话，实际上透露出对于生命、本真的眷恋和爱护，要求对整体人生采取审美观照态度，不计功利是非，忘乎物我、主客、人己，以达到安详和宁静，让自我与整个宇宙合为一体。这种贯穿着士大夫精神的人生价值观，让人忘怀得失摆脱利害，超越种种庸俗无聊的现实计较和生活束缚，或高举远慕，或怡然自适，或回归自然，在前进和后退中获得生活的力量和生命的意趣。这就是中国历代士大夫知识分子一以贯之的艺术清洁精神。英国大哲学家罗素曾经说：“在艺术上，他们（中国人）追求精美，在生活上，他们追求情理。”这是说到关键了。

中国人的生活哲学就是如此，一方面高旷而幽远，另一方面也连着“地气”，是自发的浪漫主义和自发的经典主义的结合。道家是中国人思想的浪漫派，儒家是思想的经典派。当东汉年间佛教传入之后，这种以出世和解脱为目的的宗教体系遭到了儒学和道教的抵抗，从而消解了印度佛教中很多寡凉的成分。经过“中庸之道”的过滤，其中极端的成分得到了淡化，避免了理论或实践上的过火行为。也因此，一种中国特色的佛教观产生了，佛教在中国更多变身为“生活禅”，变成一种热爱生活创造人生的方式。中国人一方面避免了极端的“出世”之路；另一方面，由于心灵的滋养、美智的开发，使得东汉魏晋，包括后来的南北朝、隋唐、五代十国以及唐宋元产生了很多高妙的艺术，“艺术人生”的观念也随之如植物一样葳蕤生长。可以说，这些朝代，是中国最具审美价值、最开人们心智、也最出艺术珍品的年代。也因此，很多艺术种类都在这个阶段达到了高峰，比如说唐诗、宋词、元曲、书法、绘画、音乐、舞蹈等等，它们洋溢着一种高蹈的精神追求，境界高远，洁净空旷，如清风明月，如古松苍翠。从审美上看，由于存有或明或暗的观照，存有人格与事物的交融，主题得到了提升，感悟与生命同在，境界与天地相齐，一种深远的“禅意”油然而生……从总体境界上来看，这一阶段的各类艺术形式，达到了各自的高峰。它们是最能代表中国文化精髓的。

中国的艺术精神到了明清之后，有低矮化的倾向。明清以后，由于社会形态的变化，专制制度进一步严酷；加上统治者出身和教育的局限，以及愚民政策的目的，整体文化和审美呈低俗化的倾向，社会和人生的自由度越来越窄，艺术的想象空间越来越逼仄，艺术作品的精神高度下降。随着“程朱理学”和科举制度的推行，人们的想象力、创造力被扼制，审美弱化，艺术更趋“侏儒化”“弱智化”。大众普罗的喜好抬头，刚正不阿的风骨软化，崇尚自由、自然、提升的审美精神也在丧失。不过尽管如此，在明清时代的中晚期，那种崇尚自然、物我两忘的高贵精神仍时有抬头，一批有着真正艺术精神的独立艺术作品或有出现。尽管如此，士大夫精神已不是艺术美和生活美的主旋律，它只是一种空谷幽兰的生命绝响。

近现代之后，由于社会动荡，战乱连连，再加上西方现代化所导致的实用主义、功利主义的渗入，中国的文学艺术遭到了进一步摧残，传统的艺术精神更进一步沉沦。艺术的政治化倾向、实用主义倾向和世俗主义倾向抬头，这直接导致了真正的艺术精神缺失，艺术的品位下降，高蹈精神向世俗俯首，自然和自由变身为功利和实用，士大夫精神更是变身为犬儒主义。中国近现代上百年的屈辱和战乱，更使得中国自古以来高洁的审美观变得扭曲和肤浅：黄钟大吕变成田野俚语，布衣青衫变成了披红挂绿，古琴琵琶变成了锣鼓鞭炮，洁身自好变成了争相取宠，安详宁静变成喧哗骚动，幽默风趣变成庸俗不堪……如果说是与非、美与丑是人类最基本标准的话，那么，很长一段时间里，这种基本标准都在丧失，很多人已分辨不了是与非，也分辨不了美与丑。“文革”时期八个脸谱化的样板戏在左右着中国人的全部精神生活，这样的现象，又何尝不令人扼腕叹息！

如果说中国当代教育存在着诸多问题的话，那么，以我的理解，当代教育最大的失败，甚至不是传统丢失、精神扭曲以及弱智低能，而是在美育上的缺失。这一点，只要观察我们周围的人们，就可以得出这样的结论——在我们的周围，到处都是对于生活没有感觉，对于美丑没有鉴别的人。他们所拥有的，只是功利，只是物质，只是金钱，只是对美丑的弱智的鉴别和判断。这些人不仅仅是一些教育低下的人，甚至，一些貌似受过良好教育的人也是这样——他们虽然拥有很高的学历，有很好的教育背景，但在美丑的辨别力，以及对于艺术、心灵的觉察力、感悟力和理解力上，同样表现得能力低下、缺乏常识。这样的现象，实际上是我们多年以来的教育缺乏美育，缺乏精神导向的结果。一个人的审美，是与道德和智慧联系在一起的，审美的缺失，实际上也是道德和智慧的缺失。一个对美缺乏判断力的人，很容易在人生中缺乏动力和方向，也很容易被民族主义、法西斯主义、极端主义、工业主义所奴役，成为过度现代化的牺牲品。在很多时候，这种人不可能是一个丰富的生命，只是一架精神匮乏的机器。

现在，这一套由合肥工业大学出版社精心组织的“最美中国丛书”，似乎在某种程度上，弥补了一些“寻根”和美育上的缺失。该丛书旨在“重建中国优美形象，重构华夏诗意生活”，通过对古代思想、伦理道德、文学艺术、风景民俗、器物发明等的重新梳理，重新发现中国特有的美，倾情向世人推介这种美，以期真正的美得到传承。这套书知识精准，图文并茂，力求童趣与大美的融合，悦目和感人的统一。对于正在成长的青少年来说，这一套书，应是一个不错的选择，最起码它可以让人知道，什么是中国的最美，什么是中国真正的美。继第一辑10本书受到业界、读者的广泛好评之后，合肥工业大学出版社又趁势推出第二辑“物华灼灼”和第三辑“文质彬彬”，加在一起又有20本，这两辑丛书在第一辑相对比较宏大叙事的基础上，着力聚焦中华文化的细节之美，视角更为开阔，叙述更为细腻。无疑是值得期待的。

20世纪初，北京大学校长蔡元培先生曾经提出过著名的“五育并举”教育方针，“五育”为：军国民教育、实利主义教育、公民道德教育、世界观教育、美感教育。其中，美感教育尤其有特色，蔡先生还以“以美育代宗教”的口号闻名于世。在蔡元培看来，美育是宗教的初级阶段，对于没有宗教传统的中国人来说，美育教育是一种基础，并且相对宗教，美育更安全，更普及，也更为人接受。通过美育，可以培育出道德是非的基础，培育出向上的力量。虽然蔡元培的这一观点引起过一番争论，但对于一个人来说，有美的熏陶，有对于美丑的正确判断，怎么都不能说是一件坏事。并且，美与是非，与善恶，与道德，与人类的心灵，与这个世界的根本，是联系在一起的。以对美的判断和感知为出发点，了解中国历史，了解中国文化，了解中国人曾经的艺术生活，了解一个民族的内心世界；从而进一步了解世界，了解世界的规律，与身边的一切做到和谐相处，都是大有好处的。

也许，这套书的意义就在于此。

【目录】

最美中国

（因本书部分图片未及向摄影者申请授权，祈盼宽谅；恳请有关作者见书后与我社联系，以便奉寄稿酬及样书。）

颐和园

提起颐和园，总是联想到慈禧太后和光绪皇帝。的确，颐和园作为皇家园林，不仅有精美的建筑，秀丽的风景，更有与国家权力与命运相关联的历史。

260 年前的一个黄昏，大清帝国皇上乾隆驾临北京西郊时，也许是迷恋湖光山色，也许是想到母亲的六十大寿，他御笔一挥，随即下了一道建园的圣旨，于是又一处皇家园林诞生了，这便是颐和园的前身——清漪园。乾隆为了庆祝母亲大寿，改原有的瓮山为万寿山，同时借用汉武帝在长安开凿昆明池训练水军的典故，改原有的瓮山泊为昆明湖，这便是今天万寿山、昆明湖的由来。

清漪园改名颐和园是在 1860 年英法联军入侵之后，清漪园连同其他四座皇家园林一起被焚毁。1887 年，慈禧太后下令重修，取“颐养冲和”的意思，改名颐和园。当时清朝已经捉襟见肘，慈禧太后心有余而力不足，尽管动用了500多万两海军军费，也只是恢复了部分建筑。1900年，颐和园又遭八国联军破坏，慈禧再次下令重建。1908年，慈禧太后、光绪皇帝死后，隆裕皇后因光绪曾被慈禧幽禁于此而死，对此心存阴影，下令“永不游幸”，颐和园成为一处空园。辛亥革命后，颐和园又成为溥仪的私产。直到1924年，溥仪被赶出紫禁城，颐和园正式辟为公园，对外开放。新中国成立后，颐和园得到全面整修和维护，如今的颐和园是中国园林艺术的集大成者，代表了中国园林艺术的最高峰。

颐和园占地面积290万平方米，比北京大学占地面积还要大，其中宫殿园林建筑100余座，共3000余间。按功能可划分为三大区域：以宫殿建筑为代表的政治活动区，以庭院为代表的生活居住区，以休闲娱乐场所组成的游览区。

政治活动区以仁寿殿为中心，仁寿殿又称“勤政殿”，顾名思义，是当年清朝帝后处理朝政之所。其建筑特点和殿内装饰均透着威严、至尊和精美。慈溪曾在此垂帘听政，当年这位老佛爷无数次出入该殿，掌控着大清国的荣辱。值得一提的是，大清皇帝无不希望大清江山万世永存，自己也万寿无疆，于是在仁寿殿正面高悬“寿协仁符”的大匾，两壁悬挂着巨大的“寿”字，比人体还要高大，这还不算，殿内的一座金龙盘边上刻了226个不同字体的“寿”字。只可惜，这些用心并没能留住帝王事业，只是给今天的游客增加了一些想象罢了，人们参观游览之余，能揣摩到一点仁寿殿名称的用意，想象到一点帝王们的心思。

乐寿堂、玉澜堂、宜芸馆等建筑曾是光绪皇帝及皇后、慈禧太后的寝宫，也就是生活居住区，即便百年后的今天，这里依旧疏朗清新、环境幽静、四季宜人，可是这里的宫廷旧事并不都是喜剧，有的甚至堪称凄凉。玉澜堂即是一例，1898年，戊戌变法后，光绪皇帝彻底得罪了慈禧太后，被她幽禁于此，长期郁郁寡欢。慈禧为了防止光绪与外界联络，将东、西、北三面通道专门砌了砖墙阻隔，只留了南面一处出口，即便这个出口，慈禧还要派亲信太监日夜监守。光绪不仅享受不到皇帝的荣耀，甚至连普通的自由人也不如。如今在玉澜堂后面，还留有当年砖墙的痕迹，睹物思人，真不知作为一代皇帝的光绪，内心是什么滋味。

休闲娱乐区分为万寿山、昆明湖、后溪河三部分，主要有排云殿、长廊、佛香阁、十七孔桥等著名建筑以及蓬莱岛、西堤等景点。其中佛香阁是颐和园标志性建筑，登临此阁，可居高临下，一览颐和园全貌。排云殿紧邻万寿山脚下，此殿发生过不少与慈禧相关的故事。据说，慈禧最初想把排云殿作为寝宫，可就在排云殿落成时，她刚好得了一场病，她便认为此殿上方是佛香阁，离佛门净土太近，怕得罪佛祖，于是后来便把排云殿专门用来过生日。每年阴历十月初十，排云殿鼓乐齐鸣，为慈禧祝寿。慈禧端坐在排云殿内的九龙宝座上，四面香烟缭绕，光绪皇帝向着她行三跪九叩大礼，王公大臣们则按辈分和官阶，跪拜在排云殿金水桥畔行李。而三品以下官员连殿门也不能进，只能在排云殿外行礼。那种情景今人自然无法亲历，今天的殿内依旧摆放着一些奇珍异宝，供游人观赏，据说这些珍宝就是当年慈禧七十大寿时，王公大臣们贡献慈禧的寿礼，人们玩味这些的同时，还是能想象出当年的排场的。

颐和园无处没有清朝遗迹，无处不与慈禧相连。昆明湖的湖水不知换了多少遍，湖柳不知枯荣了多少次，但是慈禧的故事依旧在游人中传播。湖西部是仿杭州苏堤的西堤，堤上的桥远望形似玉带，号称玉带桥。当年慈禧很喜欢此处，经常来此游览。她甚至化妆成渔婆，命太监李莲英扮成渔翁，二人合影留念。那时相机还少见，胶片自然珍贵，她用到了这个份上，可见这里在慈禧心中是多么美好的休闲去处，而慈禧在颐和园是什么样的生活，又是什么样的心境，由此旧事也可见一斑。

颐和园历经沧桑数百年，见证了大清王朝的兴盛和衰落，目睹了帝王将相们上演的一幕幕帝国大戏，曾经的山水还在，亭台楼阁、长廊水榭均还在，只是大清帝国早已不在，颐和园已是新中国的公园，曾经的往事已成如烟历史，如今仅供游人回味，增添一缕缕游览的趣味。

御花园

沿着故宫中轴线一路向北，穿过重重的宫门，仿佛在古装影视剧里穿越，当穿过最北的坤宁宫时，一片绿色与琉璃色相间的世界会令人眼睛一亮，那便是故宫御花园。它虽然规模不大，却是现今最古老的宫内苑囿，其建园年代远早于颐和园，进入御花园，似乎走进了历史的后院。

据《明宫史》记载，御花园建于明代，那时称为“宫后苑”。清代以后，对于前朝的这一重要遗物也是情有独钟，在明代基础上有所增修。由于御花园深藏皇宫禁地，明清两代虽有动乱和战火，但是御花园始终没有受到破坏，相反，建造宫殿亭台、广植花草树木的活动一直没有停止过，帝后王妃们始终把这里作为休闲、赏园、祭祀、颐养、读书的理想场所，也在这里留下了无数宫中故事。正因为明清两朝的钟爱，御花园历经六百年，始终风貌依旧，如今御花园基本保持了原有的格局，园中不少殿宇和树石仍是15世纪旧物，那一处处庭院，一座座假山、一间间宫殿，一株株老树，似乎都还在诉说着前朝的旧事。

当然，明清两代，除了帝后王妃，一般外人很难知晓其中的秘密。御花园静静地隐藏在坤宁宫之后，仿佛闺房的大家闺秀，见证着王朝的兴衰。今天看来，当年能在寸土寸金的皇家禁地中，辟出这么一处宝地建造花园着实不易，要知道故宫之中，重重叠叠的宫殿占据了太多的地皮，由此可见它的至尊地位。

其实御花园规模不大，要不是身处宫中，名声远不会有这么显赫，就因它在皇家后院，一切都非同一般。如果说颐和园的美在于大气磅礴，那么御花园的美则是小巧玲珑，这是完全两种不同的审美取向。御花园占地仅 18 亩，南北长 90 米，东西长 130 米，比一个足球场稍大，也正因小巧紧凑，御花园的布局构造和艺术特色与以山水为主题的颐和园有很大的差别，御花园的看点更在于它的厚重深邃和华贵精致。

御花园的最大特点是布局对称和结构紧凑。整体布局可分为东、中、西三路，中路是以钦安殿为主体建筑的院落。以中路为中轴线，东、西对称，其主要建筑与园中小品都相对布置，连建筑的名称在意思上也基本对仗，这种对称的布局主要是为了与故宫的建筑形式协调。东路建筑有堆秀山、御景亭、摛藻堂、浮碧亭、万春亭、绛雪轩；西路建筑有延辉阁、位育斋、澄瑞亭、千秋亭、养性斋等。一座小小的花园，方寸之间容纳了这么多建筑，可以想象，其布局结构需要多么高超的技巧。为了节省空间，御花园的建筑大多倚墙而建，只以少数精美造型的亭台立于园中，空间显得开阔和舒展，没有拥挤的感觉。而各种殿、堂、亭、馆、斋比较密集，形成了一种特殊的园林风貌。

御花园的建筑绝大多数供游憩观赏或敬神拜佛之用，明清两代宫中的一些重要的节庆活动都在这举行。五月端午节，八月十五中秋节，九九重阳登高日，皇帝率领后妃们登临御花园最高处的堆秀山御景亭，礼拜祈福等。每年七月初七牛郎织女鹊桥相会，宫中要祭祀牛郎织女，拈香行礼，举行游戏活动。唯有摛藻堂有书香之气，室内摆放了书架，供藏书之用。爱读书的乾隆皇帝于 1778 年，组织人员挑选《四库全书》中的精华内容，抄写了两部《四库全书荟要》，其中一部从 1779 年起储藏于摛藻堂，乾隆皇帝常在此查阅抄本，吟咏诗文，摛藻堂也就成了乾隆皇帝的一处特殊的书房。

御花园的另一重要看点是古树名木，欣赏那些古树名木，很容易产生隔世的历史感，帝王事业废兴难料，似乎都刻在这些古树的一枝一叶间。

从某种意义上说，古树是园林的年轮，有多少年的古树，就有多少年的园林。像御花园这样的皇家园林，建造年代久远，又深藏宫中，很少遭到破坏，古树名木自然存活得更多，御花园内百年以上的古树名木有 160 余棵，这些老树聚在一起，形成了一片古老的森林。也因这个缘故，古树名木不仅成为御花园一景，也成了御花园的代表性特色之一。御景亭假山东部有一株古柏，是年龄最大的古树，乾隆皇帝曾为它赋诗一首“摛藻堂边一株柏，根盘厚地枝擎天，八千春秋仅传说，厥寿少当四百年”，刻于西壁。据说这棵古柏有一段传奇故事，乾隆皇帝在宫中时，这棵古柏日日茂盛，在他一次下江南巡视时，古柏忽然枯死了，奇的是，乾隆在江南期间，每每行走在太阳下，总觉得有树影相随，为其遮阳。乾隆再回宫中时，古柏居然又复活了，乾隆大为感动，特封古柏为“灵柏”。这当然是传说，但深深庭院，衬以古树名木，整个御花园的确显得愈加古朴、厚重，有久远的历史感和沧桑感。

故宫御花园的每一步路，每一棵树，每一处景，都有故事，也都有历史，穿越其间，只要有心，都能听见历史的回声，都能找到自己的感受。

北　海

游北海最好在盛夏，一汪碧绿的湖水，一片可人的荷花，一座苍翠的小山，一座端庄的白塔，能令人心旷神怡，疲劳顿消。在干旱和风沙包围的首都，有这样胜似江南的园林风光，不能不说是天之造化。实际上，北海从建园当初就与上天有割不断的因缘，这也是北海不同于其他皇家园林的最明显之处。在皇家园林中，北海可以说是最优美、最丰富的一处，也是神权思想很浓厚的一处。

北海历史悠久，历经辽、金、元、明、清五代，重要的是元代和清代，元世祖忽必烈时期，三次扩建琼华岛，改琼华岛为万寿山，并以此为中心营建大都，那时候，北海显然是元大都的中心。而清朝乾隆年间，用了 30 年时间对北海进行了大规模重修与扩建。今天北海的规模在乾隆时期已经基本奠定。但是，北海与其他园林一样，在 1900 年八国联军侵略中国时遭受了很大破坏，以后又历经军阀混战，日益荒废，直到新中国成立后，国家稳定，人民安居，政府逐年对北海进行修缮，北海才焕然一新。

据说北海当初的建设是受神话传说中的海山仙境启发的，以太液池为海，以琼华岛、团城、犀山台为蓬莱、瀛洲、方丈三座传说中仙山，即所谓“三山一池”。历经几朝，后来逐渐增加了一些宫殿建筑和佛教建筑，但是走进北海，总是能感觉到一丝神话传说的色彩，有些建筑的名称就让人无法不联想到神话传说。

北海以琼华岛为中心，大约可以分为四大景区：琼华岛、东岸、北岸、团城，各景区依水傍山，连成一体，风景优美，意味悠长。

琼华岛是北海最重要的景区，著名的白塔就位于琼花岛上，因此琼华岛又叫白塔山。白塔可以说是北海的代表性建筑，凡是到过北海的人，无不对白塔记忆深刻。白塔是一座藏式喇嘛塔，建于清朝顺治年间，塔高39.5米，这样的高塔屹立于琼华岛山巅，可以想见它的气势。此塔也是北京城中心的标志性建筑之一，登临此塔，目之所及，可以俯瞰北京城全貌。琼华岛景区还有永安桥、堆云、集萃牌坊、永安寺、法轮殿等十几处建筑，殿堂廊阁，依山就势，布置巧妙。

琼华岛周边的建筑都有厚重的历史韵味，西侧的阅古楼曾为皇帝私人藏书房，上下两层，风格素雅，门窗严密，透出一派幽静的氛围。楼上壁间嵌刻了《三希堂法帖》等著名刻石，共495方，保留了从魏晋到明末的书法家134人的墨迹，是我国现存最完整的古代书法墨迹石刻。《三希堂法帖》指的是：乾隆皇帝将他得到的王羲之《快雪时晴贴》、王献之的《中秋帖》和王珣的《伯远帖》三件书法珍品，视为三件稀世珍宝，并专门在故宫养心殿设立了一间三希堂，收藏把玩。后来，乾隆皇帝干脆命梁诗正等人，请来高级书法石刻工匠，精选了上等石料，将《三希堂法帖》勾摹刻石，藏于阅古楼。从此，阅古楼就多了书香气息，琼华岛也增加了文化氛围。

围绕太液池外围水面的岸边景点有画舫斋、静心斋、小西天、大西天、五龙亭等。九龙壁最为著名。此壁建于1756年，据说是乾隆皇帝见了山西大同的九龙壁后仿建而成。九龙壁高5米，厚1.2米，长27米，以五彩琉璃砌成。两面各有9条蟠龙在波浪中戏珠，姿态各异，栩栩如生。全国现存三座九龙壁，还有两处分别在山西大同明王府前和故宫皇极门前，那两座只是单面有龙，唯独北海的九龙壁两边都有九条龙，此外这座九龙壁壁身其他地方还有635条龙，真可谓群龙相会，这也使得北海九龙壁为三座中最为精美的一座，堪称我国琉璃建筑艺术的杰作。龙，在我国是吉祥的象征，也是封建王权的象征，北海的九龙壁从某种层面上说，也是封建帝王皇权至上思想的体现。

北海过去是帝后及妃嫔游乐之地，今天人们游览北海，除了欣赏它的园林建筑，更能从中品味它的悠远历史，以及它特有的神话、佛教、帝王相交融的文化，这也是北海最为人喜爱的所在。

景　山

去景山的人总是会想到那棵槐树，当年崇祯皇帝在那里结束了自己的一生，也结束了一个朝代。崇祯为何选择景山自缢，今人不得而知，但是景山的树从那时起就与景山一起写进了历史，也给景山增添了一笔厚重的人文色彩。

景山原本没有山，金朝时还是荒野，元朝时忽必烈将这里作为游乐的场所，每年在这里耕种土地，以昭示天下，重视农桑，那时还只是有象征意义的皇家领地。明朝永乐年间，开始大规模修建城池、宫苑和园林，同时将修建京城、挖掘河道的土石堆积成了五座小山，称为“万岁山”，才有了最初的山貌。直至清朝顺治年间，万岁山始改称“景山”。据说景山的名称有三层含义，一是取商朝都城“景山”的名字，二是帝后们赏景之处，三是景仰之意，无论哪种含义，景山风景四海闻名是不争的事实。

由正门进入景山，沿着山势拾阶而上，穿过绮望楼建筑群，即到达山巅的五亭建筑群，再沿着石阶而下，可达到山下的寿皇殿建筑群，直抵景山后门，即北门。景山的风景也因此可以划分为山前、山上、山后三个部分，每个部分各有侧重，各有特色。

首先映入眼帘的是绮望楼，这座建筑已有两百年历史了，这里曾经供奉的是孔子的牌位，登临此楼，向北可仰望景山主峰，向南可遥望紫禁城宫城，难怪叫绮望楼。穿过绮望楼，顺山势而上，就是景山的主峰，也是中心地带。

景山五亭是景山风景的核心，也是景山代表性建筑。五亭为乾隆时期所建，五亭依山势一字排开，很有节律感和韵味，乃山上建亭的杰作。五亭名称各不同，除了中间万春亭别具一格，独占山巅外，其余四座亭子分别排列在万春亭的东西两侧，建筑样式和风格东西两两相对称。万春亭高17.4米，有22根柱子，矗立在43米高的主峰之上，气势雄伟，是旧北京城南北中轴线上最高和最佳的观景点，也是北京旧城内最高点。站在万春亭里，可以俯瞰紫禁城全貌，也可以看到京城的鼓楼等建筑群，今天更能看到现代化大都市的风貌。也因为这里是绝好的观景点，明清两朝，每年重阳节，帝后王妃们会在此登高望远。那时，这里不是普通百姓能够走近的地方，是真正的“御景”之地，所以称为景山也是名副其实。

五亭中原先各有一尊佛像，用来供奉“五方佛”，与佛家的五佛相对应，1900年八国联军侵略中国时，四尊被盗走，其余一尊在“文革”时被捣毁，如今五亭中的佛像是近年所复制。今天已经很难知晓乾隆建亭供佛的真正原因，人们能够感受到的是五亭中倘若没有佛像，的确大煞风景。据说，从近年来的人造卫星遥感照片可以看出，景山的整体建筑形态活像一个老者的坐像，有人说是一尊雍容华贵、面带笑容的坐佛，究竟是谁，尚无定论。问题的关键是，最近几十年来，景山多次修建、移栽树木，坐像形态也几乎没有变化，实在不可思议，究竟是上天的造化垂青于景山，还是乾隆皇帝在天有灵？这个谜底有待人们进一步解开。

顺山势而下，就到了后山的寿皇殿。这里在清初时，是康熙皇帝的射箭场所，乾隆即位后，改建为供奉皇帝影像的所在，康熙、顺治两代皇帝的御容曾供奉在这里，每月的初一和四时节令，皇族子孙们在这里举行祭祀仪式，遇有皇帝大婚、大丧的日子，祭祀极为隆重。可是辛亥革命后，皇帝御容被没收，作为古物陈列所展品，为此，清室遗老们曾多次抗议，后来不了了之。近年来，这里的部分建筑改建成了少年宫，还有部分建筑修复后对外开放。

景山的真正迷人之处其实更在建筑以外，那棵歪脖子老槐树永远吸引着南来北往的游人。1644 年，当李自成起义军攻入北京时，崇祯皇帝见大厦将倾，一方面紧急遣送太子出城，留一条后路，一方面急忙召集群臣商议对策。可是国难当头时，大臣们纷纷只顾出逃，没有一人听从安排，崇祯见大势已去，悲愤不已，亲手杀死了贵妃和公主等人，逼迫皇后自尽，然后身披白衣，一路逃到景山。他在半山腰处，咬破手指，写下遗诏，告知天下，自己众叛亲离，失去江山，已无颜见列祖列宗，随后用腰带吊死在槐树上。贴身太监王晨恩见主子已亡，伤心之余，跪拜主子后，也自缢在一棵海棠树上。清朝建立后，清政府为了笼络人心，在崇祯自缢处，特意命名这棵槐树为“罪槐”，用铁链锁住，并于槐树旁立了一块下马碑，碑文为“明思宗殉国处”，命文武官员路过此处必须下马，以示对前朝皇帝的敬意，同时也提醒八旗子弟要引以为戒。清政府没有想到，这块石碑会成为景山一大景点，崇祯更没有想到，他的死会成为千古传奇。

如今，景山依旧在，下马碑还静静地立在东山坡，但是老槐树已经枯死，换栽了新槐树，明清两代均已成了历史，而每天南来北往的游人，依旧在传播着崇祯的故事。

避暑山庄

距北京250公里，有一处闻名中外的皇家园林，那就是承德避暑山庄，这里既是皇帝后妃们避暑休闲的离宫，也是清朝时期，除了京城之外的第二个政治中心，即陪都。

清初，吴三桂等藩王势力强大，对朝廷有潜在的危险，康熙皇帝很想集中兵力削藩，但是入关后的清军战斗力大不如前，为了训练军队，同时也为了联系和团结蒙古贵族，康熙皇帝开始在承德建立木兰围场，因为围场离京城较远，从方便训练的角度考虑，于是修建行宫，这便是承德避暑山庄的前身，后来又历经雍正、乾隆两朝一再续建，前后共用了89年时间才最终建成。

避暑山庄是我国现存规模最大的皇家宫苑。山庄内建筑达110多处，宫墙周长达10公里，总面积达560多万平方米，相当于两个颐和园的面积。这里群山环抱，地势高峻，气候宜人，是理想的休闲避暑胜地和处理政务的场所，因此，康熙皇帝欣然题名“避暑山庄”。

与其他园林不同的是，避暑山庄把地理优势发挥到了极致，在造园布局上，集山地、平原、湖泊、宫殿为一体。其西部为山区，群山奔涌，仿佛我国的西北高原，其北部为平原区，绿草如茵，好似我国北部的内蒙古草原和大兴安岭森林区，其中部为湖泊区，湖池相连，有江南水乡的风采，其南部为宫殿区，犹如我国中原地区的宫城殿宇。此外，在山庄外部的东北部，还修建了几组喇嘛庙，称外八庙。整个山庄是一个多地形的组合，与我国版图有近似之处，也寓意着清朝的大一统江山。由此不能不佩服康熙大帝选址于此的一番用意，也不能不佩服那些园林设计师们的布局、设计和施工的高超。

避暑山庄建成后，清朝几代皇帝都十分喜爱这个地方，康熙和乾隆对避暑山尤为钟爱。康熙于1711年，以四个字命名，亲笔题写了36景，史称康熙36景。而1754年，乾隆为了效仿康熙，同时也为了不超过康熙，又以三个字命名，亲自题写了另外36景，史称乾隆36景。两朝皇帝亲自命名题写72景，这在中国皇家园林里是绝无仅有。这72景也成了避暑山庄的招牌景点，凡到此一游的人，无论老少男女无不以寻找那前、后36景为快事。

山庄的正门为丽正门，即是乾隆36景的第一景。有意思的是，山庄初建时，并无此门，这也是康熙没有题名正门的原因。乾隆用满、汉、藏、维、蒙五种文字题写的丽正门匾额悬挂在正门处。门名取自于《易经》“日月丽于天”，意思是皇帝只有像日月那样附着于天，才能教化百姓，长治久安。这既是乾隆在昭示天下百姓，也是他在自勉。这位雄才大略的帝王，题写一个山庄的名字，用了五种文字，可见在他的心目中，始终想着大一统江山，实际上，乾隆朝也是我国版图最大的时期之一，所谓的康乾盛世，到乾隆时期，已经达到顶峰，那时候各民族友好往来，和谐相处于清王朝的统治之下，避暑山庄的正门遗迹正是体现了这一点。乾隆特意在此门内题诗两句“两字新题标丽正，车书恒此会遐方”，意思就是象征民族团结和国家的强盛、统一。

康熙命名题写的第一景是在宫殿区的“烟波致爽”殿。这是一座封闭式院落组成的宫殿，身临此处，可见十里平湖，四周秀岭，四季绿草如茵，树木葱郁，有浓郁的园林意境，故被康熙题名“烟波致爽”。实际上从康熙时代起，皇帝就在这里居住和处理国家政务，这一处不大的院落实际上与国家的政治密切相关。

“烟波致爽”殿可以说是避暑山庄发生政治事件最多的宫殿，也可以说是避暑山庄的中心殿宇。康熙、乾隆、嘉庆、咸丰四代帝王曾在此居住过，嘉庆、咸丰两代帝王甚至死在这里。有两起著名的事件就曾发生在这里，对中国近代史影响深远：一件是条约。1860年，英法联军侵略中国，咸丰皇帝携带大量金银，逃到热河后，在“烟波致爽”殿的西暖阁签署了丧权辱国的《中英北京条约》、《中法北京条约》、《中俄北京条约》，并追认《中俄瑷珲条约》。另一件是政变。咸丰皇帝临死前，口授遗诏立6岁的载淳为皇太子，命载垣等八大臣辅政，同时赐两方大印给慈安、慈禧两太后。1861年8月，咸丰死后，年仅27岁的慈禧与奕䜣勾结，于“烟波致爽”殿策划了“新酉政变”，夺得最高统治权，从此开始48年的垂帘听政，统治中国近半个世纪。避暑山庄建设也就是到了慈禧才终止，慈禧为了显示皇权，体现与前朝是两个朝代，下令“所有热河的一切工程，著即停止”，而自己另外在北京城内修建颐和园。

木兰秋图是避暑山庄最引人入胜的景观。木兰是满语哨鹿的意思，哨鹿的方法是：黎明前，士兵们潜伏在山林里，身披鹿皮，头戴鹿角，伪装成公鹿，模仿公鹿鸣叫，以吸引诱杀母鹿。木兰围场建立后，清朝帝王每年都率领士兵来此“哨鹿”围猎，每次要围猎20多天，每当围猎开始时，大批人马由京城远道而来，一路之上，要建十余座行宫提供食宿服务。如今的木兰围场早已不再有围猎的场面，曾经帝王将相的功过是非早已成为历史，任由人们去评说。但是南来北往的游人依旧眷念木兰围场，他们不辞辛苦，来这里骑马、摄影、野炊，领略避暑山庄的风光，回味它的历史，寻找“白马秋风塞上”的意境，这也正说明了木兰围场的永久魅力。

潭柘寺

一座寺庙关系到一座城市的兴建，听起来似乎是奇迹，北京郊外就有这样一座寺庙，它就是潭柘寺，又名岫云寺，位于北京门头沟区的宝珠峰山坳。因为寺庙周围有九座山峰拱卫，构成“九龙戏珠”的地理形势，山上有一处深潭曰“龙潭”，潭边长满柘树，故得名潭柘寺。

潭柘寺始建于西晋，那时名叫嘉福寺，至今已有近1700年的历史，是北京地区最早的佛教寺庙，在北京民间有“先有潭柘，后有幽州”的谚语。唐代武则天年间，佛教高僧华严和尚居住在幽州城北，“持《华严经》以为净业”，据说他诵经时，整个幽州城都能听见，影响很大。后来，在幽州都督张仁愿的赞助下，华严和尚来到潭柘山，以原有的嘉福寺为中心，修筑殿宇，扩建寺院，他带领僧众填平了寺内的“青龙潭”，开拓出了潭柘寺的雏形。因为寺院后山有两股泉水流经寺院，不仅满足了寺院日常的生活用水，也灌溉了附近大片的农田，华严和尚将嘉福寺改为“龙泉寺”。华严和尚也被尊称为潭柘寺第一代祖师，并名列《续高僧传》。

清代是潭柘寺最兴盛的时期，那时潭柘寺香火旺盛，香客长年不断，清代皇室几乎每年都要来寺里参佛，康熙和乾隆几次出资大修，不仅扩大了寺院规模，也提高了寺院声望，现存的建筑基本上是明清两代的作品，以清朝居多。康熙和乾隆在寺院里留下了不少参佛的故事，成了寺院的传奇。两位皇帝还为潭柘寺题写了大量的匾额，为寺院增添了不少光彩。康熙皇帝还赐名“岫云寺”，现在山门上的“敕建岫云禅寺”匾额即为康熙所写。

潭柘寺规模宏大，自古影响远播，不仅在佛教界远近闻名，对北京城的兴建也颇有影响。据说明朝初年修建紫禁城时，就是仿照了潭柘寺格局。潭柘寺在鼎盛时期的清代有房 999 间半，北京城里的故宫有房 9999 间半，俨然是潭柘寺的放大。潭柘寺历经千年风雨，部分殿堂庙宇已经破损，解放初期拆除了部分年久失修的建筑，也新建了一些房舍，现潭柘寺共有房舍 943 间，其中古建殿堂 638 间。如今的潭柘寺整体建筑基本保持着明清时期的风貌，是北京郊区最大的一处寺庙古建筑群。

大雄宝殿位于潭柘寺中心位置，是供奉释迦牟尼的地方，是寺内的主要建筑。上下檐明间悬挂两块金字大匾，上檐为“清静庄严”，下檐为“佛海珠轮”，均为康熙所题。大雄宝殿大脊两端的碧绿琉璃鸱吻高 2.9 米，是北京古建筑中最好最大的一对鸱吻。关于这对鸱吻，《潭柘山岫云寺志》记载了一个神话传说，相传潭柘寺原是一个深潭，内有海眼，潭中有龙潜伏。华严大师在这里讲经时，潭中的龙亦在听经，听着听着，龙有所感悟，愿舍潭为寺。有一夜，龙果真飞走了，龙潭成了平地，水中只留下了两个鸱吻，这就是后来被安置在大雄宝殿主脊上的两个鸱吻。

毗卢阁是中路的最高建筑，由毗卢阁放眼四望，全寺景色尽收眼底。此阁高两层，阁内供有“毗卢遮那佛”等五佛。毗卢阁最具特色的是顶上的砖雕，一条用砖砌成的大脊横贯全阁，在大脊的前后雕刻着美丽的图案。最奇特的是大脊两端的鸱吻，正面图案是“降龙戏珠”，后面的图案是“龙凤呈祥”。在封建时代，龙是皇帝的象征，凤是皇后的象征。受皇权至上的思想影响，凡龙凤同时出现的图案，总是“龙在上，凤在下”，否则就是大逆不道。而这幅“龙凤呈祥”图案一反常规，可谓是奇特至极。潭柘寺为何敢出现如此犯忌的图案呢？据说与慈禧太后有关。毗卢阁在清代的最后一次大修是由恭亲王奕䜣出资修建。慈禧垂帘听政就是奕䜣鼎力相助的，有人说是他秉承了慈禧旨意才这样修建的。究竟谜底如何，已经无法揭晓，如今的事实是，这幅奇特的图案已成了潭柘寺一景，游客到此，看到的是图案，想到的是大清王朝旧人旧事。

毗卢阁前植有蜡梅、探春、二乔、玉兰、古松等古树名木，阁前的一株紫玉兰已有200多年的树龄，是华北地区最大的一株玉兰，每年初春时节，是赏玉兰的大好时机。毗卢阁东侧有一株古松已有700年树龄，树高达到了28米，苍劲古朴，它与另一株古松相映成趣，像两只孔雀开屏，与白色的延寿塔一起构成“双凤舞塔”的风景。另有两棵银杏树曾引起了乾隆皇帝的极大兴趣，被乾隆帝封为“帝王树”和“配王树”。

潭柘寺不但人文景观丰富，自然景观也十分优美，春夏秋冬各自有景，晨午晚夜情趣各异，早在清代“潭柘十景”就已经名扬京华。每年秋天，当霜染红叶时，潭柘山万山红遍，层林尽染，潭柘寺别有一番秋韵，那时也是潭柘寺最美的季节。

拙政园

在苏州园林中，有一座以清秀、玲珑、古朴、典雅著称的私家园林，呈现给世人的是山无止境、水无尽意、山水交融、绵延不绝的风貌，它就是江南古典园林的代表——拙政园。

拙政园最早是唐代诗人陆龟蒙的宅地和元代大弘寺旧址。明朝正德四年（1509年）进士、御史王献臣因官场失意，弃官回乡，倾其所有资财在大弘寺旧址建宅园。王献臣与大画家文徵明是好朋友，他请文徵明为其规划设计，前后花了16年时间，才建成宅园。当时的拙政园规模较大，全园有著名景点31处，文徵明还依园景绘了《拙政园图》31幅，每幅图都有题咏诗文。拙政园名称取自晋代文学家潘岳《闲居赋》中的“此亦拙者之为证也”之意，可见园主人王献臣对官场失意无可奈何，同时也能看出他有“终老山林”的愿望。可以说拙政园是一座倾注了王献臣所有心血和情志的宅园。可惜王献臣死后，他的儿子不争气，一夜豪赌，竟将拙政园输给他人，从此宅园逐渐荒废，不仅宅园支离分割，主人也更迭不断，据说400年间，园主更换了40多位，上演了无数悲欢离合的故事，真是来也匆匆，去也匆匆。直到新中国成立后，拙政园才得到了全面维护和恢复，有幸的是此园历经沧桑，总体面貌仍不失明代遗风。

现存建筑大多为太平天国及其后修建，但明清旧制基本上得到保留，总体上仍然保持着明代风格，被誉为“中国私家园林之最”、“天下园林之母”。该园为全国重点文物保护单位、全国特殊游览参观点之一、世界文化遗产，与北京颐和园、承德避暑山庄、苏州留园合称“中国四大名园”，在全国的园林中，同时具备这些殊荣的仅拙政园一家。

古人以“虽有人作，宛自天开”为造园的最高境界，拙政园即是如此。拙政园由于空间较大，规划设计有较大的回旋余地，因此景点虽然是模仿自然，却能接近真山真水的规模，且少有人工雕琢痕迹。拙政园总体布局以水池为中心，各式亭轩楼阁临水而筑。全园分东、中、西三部分，各具特色。中部是精华所在，以水景为主，水是全园的纽带和灵魂。东、西以园为主，东疏西密，绿水环绕。

东部以田园风光为主，地势空旷，有兰雪堂、芙蓉榭、天泉阁、秫香馆等点缀其间。兰雪堂名称取自李白的“独立天地间，清风洒雪兰”诗句，此厅吸引游人的是两幅画，一幅是屏门南侧的漆雕《拙政园全景图》，把全园景色融于一壁，另一幅是屏门北侧的《翠竹图》，画的是山水人物，让人联想到园林的主人及生活。秫香馆名称取自秋风送稻香之意，该馆窗板上的黄杨木雕非常有名，共有48幅，据考证，木雕内容描绘的是《西厢记》、《金玉如意》两部剧作，人物众多，场景生动，让人不能不佩服古人制作木雕的技艺。

中部是全园的精华所在，由水池、假山、花木、亭台楼阁、水榭廊桥组成。远香堂为全园的主体建筑，名字来源于刘禹锡的《爱莲说》中的“香远溢清”，的确，这里有满池绿荷，盛夏季节自是赏荷消夏的好去处。远香堂里有一副对联，共有80个字，为苏州园林之最，记载了当年八旗奉直会馆达官贵人聚会的盛况，读来令人回味。见山楼取名陶渊明“采菊东篱下，悠然见南山”，此楼因太平天国而声名远播。据说，太平天国忠王李秀成率军攻占苏州后，曾将见山楼作为办公休息场所，那时推窗而望，可见虎丘、狮山、何山等苏州一带名山，李秀成对此十分满意。后来一天，一老者偶然发现了大名鼎鼎的忠王住在这里，消息立刻传开，此后，每天都有百姓来此，希望看到李秀成，时间长了，忠王与很多百姓也就熟悉了，这里也成了他体察民情的重要场所。有一天，他从百姓口中得知有两个新入伍的太平军强买农民蔬菜，他立刻派人查实，处罚了那两人。此事一出，再无人敢强买强卖，人们对忠王更加敬仰，来看他的人更多了，连窗外的小山也被踏平。忠王再推窗远望，望到的只有人山，而不是自然的山。见山楼因此更加闻名。

西部园景中，值得一提的是“宜两”亭，此亭有一段传奇，说的是拙政园建楼纠纷又和谐的故事。据说，中园和西园原先分属不同的两家，西园的主人原想在中间建楼，如果建了楼，势必破坏了中园的景观，且能看到中园的隐私，屡次协商后，西园主人同意不建楼房而建亭子，这样就成了两园共同的点缀。西园主人可以在亭子里眺望美景，中园主人也可以欣赏西园的亭子，两全其美。这则故事颇似安徽桐城的六尺巷故事，反映的都是邻里和睦的美德，为园林增添了人文之美。

拙政园不仅有建筑美、山水美，还有人文美，处处充满诗情画意，不愧为我国私家园林的代表之作，它也是人们追求的人间天堂。

网 师 园

网师园虽小，内涵却十分深厚，它是江南中小古典园林的代表作品，被誉为苏州园林之“小园极致”，堪称中国园林“以小见大”、“以少胜多”的典范，这与园主人自身的修养和情趣是分不开的。

苏州园林人文气息十分浓厚，网师园也不例外。网师园的前身是南宋吏部侍郎史正志的万卷堂，所谓万卷堂，表明他家有万卷藏书，另外，他自称“渔隐”，也是中国文人士大夫隐退思想的体现。真正的网师园园主是乾隆年间的光禄寺少卿宋宗元，他购得万卷堂遗址后，按照自己的情趣设计建园。所谓“网师”，有两层含义，一层意思是因为比邻王思巷，取谐音名字“网师小筑”。还有一层意思是以网捕鱼的师傅，也就是渔夫、渔翁的意思，寓意园主有意归隐。关于网师园名字的由来还有另一段传奇故事，为游客争相传说。据说宋宗元购得万卷堂以后，老来得子，取名“双喜”，双喜 13 岁那年，出城捕鱼，不料落水，被渔夫王思和父女救起，宋宗元十分感激，酬谢了王思和。懂事的双喜后来还多次上门感谢王思和父女，一来二往，与王思和的女儿产生了感情，并且私订终身，过了几年，两人不仅结婚了，而且有了两个孩子，这才被宋宗元发觉，一来生米已经煮成熟饭，二来出于对王家人的感激，于是宋宗元也就接受了这门亲事。两家联姻后，宋宗元将王思和父女接到园子里居住，并将“万卷堂”改名“网师小筑”，以示感激。这个传奇故事反映的是宋宗元父子知恩图报的美德，与网师园园林艺术一样，被人们铭记。

网师园前后 800 多年风风雨雨，数易其手，几经兴废，经历过更名、复名、损毁、复建，直到1950 年，由何氏子女捐献给国家，仅剩8亩的占地规模，基本保持着清朝时期的结构与风格，今天的网师园得到了政府很好的维护，成了八方游客慕名游览的名园。

网师园规模虽然不及拙政园宏大，但是布局精巧，结构紧凑，信步其间，并不感到局促，反而有别样的阔绰，这与网师园布局突出主题、注重比例协调有极大的关系，网师园在最小的空间里获得了最好的艺术效果。全园以池水为中心，由东部住宅区、中部主园区、西部内园区三部分组成，特色有别，境界各异。主要景观有梯云室、万卷堂、月到风来亭、殿春簃等。

殿春簃（即殿春庭院）是一处独立的小院，旧为书斋，为明代建筑，这处院落占地不到一亩，布置却很别致，景观也很丰富，它是网师园中最富传奇色彩的一处。20 世纪七八十年代，美国纽约大都会艺术博物馆基金会董事阿斯托夫人，因为童年在中国度过，十分怀念中国的园林，决定在博物馆建造一处集中国古典园林精华的小花园，后托专家来中国寻找合适的模本，最终选中了网师园的殿春簃，这就是 1981 年在美国纽约大都会艺术博物馆内竣工的中国庭园“明轩”。更有传奇色彩的是这处小院，20 世纪三十年代，曾居住过著名画家张大千及其二哥、著名画家张善子，张家兄弟那时已是知名大画家，他们的到来，使本已荒废的网师园顿时热闹起来，一时成为文人雅士聚会的中心。张善子以画虎出名，人称张老虎、虎痴，他为了画出逼真的老虎，在这里饲养了一只小虎，与虎朝夕相处。网师园里今天还留有一张张善子与朋友合影的照片，小虎卧在众人前，人虎相处，和谐有趣。今天的西墙嵌有一块小墓碑，上书“先仲兄善子所豢虎儿之墓”，是苏州园林局依据 1983 年张大千从台北寄来一纸墓志铭镌刻竖立的，张大千事隔 50 年后，还特意为一只小虎寄来亲自拟写的墓志铭，可见他对那只小虎、对这处小院有难以割舍的眷念。

网师园的由来不只是传说，园中的遗迹处处都在展示它的过去。如今的万卷堂前方有一砖雕门楼，为乾隆年间所建，雕镂十分精美，被誉为苏州古典园林中同类门楼之冠，该门楼被誉为“江南第一门楼”。东部住宅区轿厅西侧的小门，门楣上至今还镶嵌着乾隆时期的砖额“网师小筑”，它似乎始终在铭记着网师园的主人和网师园的历史。

中部主园区在宅第之西，围绕一泓水池参差错落地建有各种古建筑，组成南北两个庭院区，著名的小山丛桂轩、蹈和馆、琴室、五峰书屋、集虚斋、看松读画轩等均在这里，园景富于层次深度，建筑虽多而不见其密，池不足亩而不觉其小。

纵观网师园，建筑精雅，山水流韵，花木芳菲，自然美与人文美融为一体，历来备受人们赞赏，清代史学家钱大昕在其《网师园记》称“地只数亩，而有迂回不尽之致，居虽近廛，而有云水相忘之乐。柳子厚所谓‘奥如旷如’者，殆兼得之矣”。

狮 子 林

如果单从名字看，很难想象它是一处园林，在我国古代园林里，名称这么形象有趣的只有狮子林一家。“狮子林”三个字点出了这座园林的最主要艺术特色。在我国园林史上，自古就有以假山造景的传统，狮子林算是达到了极致，狮子林被称为“假山王国”，狮子林的湖石假山历史悠久，规模宏大，造型奇巧，形象有趣，是狮子林一笔非常宝贵的财富。

狮子林始建于元代，是天如禅师为纪念师父中峰和尚而建立的，清乾隆年间始称“惠禅寺”，从这时起，寺、园分开，狮子林为寺后面的花园。狮子林在650年历史中，屡有兴废，今天的狮子林是1918年富商贝仁元先生购得此园后，重新大规模修建的。关于狮子林名称的由来有几种说法，一种说法是因为中峰和尚原住浙江天目山狮子岩，而园中有很多石峰像狮子形状，因此取名“狮之林”，又名“狮子林”。另一种说法是说佛陀讲经声音洪亮如狮子吼叫，禅寺为佛门圣地，从尊崇佛陀考虑，取名狮子林。还有一种说法比较通俗形象，是说狮子林的假山奇石形状如狮子，所以叫狮子林。也许本来就不是单纯的某一种来源，但是假山在狮子林中的地位和艺术价值的确不容忽略。

狮子林的假山群起源于元代，宋代及清代乾隆时期继续扩充。假山群占地1153平方米，几乎全部都用“瘦、漏、透、皱”的太湖石堆叠而成，这些石头相传是宋徽宗时期花石纲的遗物。假山群设计极尽心思，巧夺天工。据说游假山群共有9条线路，21个洞口，群峰起伏，气势雄浑，奇峰怪石，玲珑剔透。清代文人朱炳靖钻过假山后写了一首五言长诗，对假山群作了概括，其中“变幻开地脉，神妙夺天工”是很形象的评价。有人曾把狮子林假山迷宫比作诸葛亮的八阵图，毫不为过。

据说狮子林的湖石假山有“桃园十八景”，假山的主峰是狮子峰，除主峰外，还有许多小峰，均有很文气的名称，含晖、玄玉、吐月、昂霄最为著名，这四座小峰，连同主峰，号称狮子林“五峰”。狮子林假山自建成以来就成了狮子林的最著名景观，康熙、乾隆等游览狮子林，无不对假山大家赞赏。康熙曾欣然题名“狮子寺”匾额。乾隆皇帝六下江南，五次游览了狮子林。有一次，乾隆游览假山群，见十分奇趣，徘徊良久，不忍离去。园主人就想请他为假山旁的一座亭子题名。乾隆御笔一挥，写了“真有趣”三个字，站在一旁的末科状元觉得有点俗气，但是君臣有别，不好直接点名，灵机一动，委婉地表达了自己的意思，好在乾隆明白了他的意思，于是把“有”字去掉了，亭字的名字就成了“真趣亭”。实际上，这只是传说，“真趣亭”是取自宋代诗人王禹偁的诗句“忘机得真趣，怀古生远思”。不过，乾隆御题的匾额“真趣”仍完好地保留在亭子里。

狮子林的假山之美宛若一幅图画，的确，就有画家钟情于狮子林。明洪武六年（1373 年），73 岁的大书画家倪瓒（号云林）途经苏州，曾参与狮子林造园，他画了一幅《狮子林图》，并作题咏诗文，从此图以园传播，园因图扬名，狮子林名声大噪，成为佛家讲经说法和文人赋诗作画之胜地。据说乾隆二下江南，游幸狮子林时，曾对照《狮子林图》一一观赏，他还临摹《狮子林图》三幅。这还不够，乾隆皇帝回京后，在颐和园、承德避暑山庄各仿建了一座狮子林。这幅《狮子林图》为旧时狮子林的真实写照，保存在台北。

狮子林的每一处建筑、每一处景点，其来源和命名均有十分丰厚的底蕴，有的有精彩的传奇故事。燕誉堂为园内主厅，是苏州园林中较为著名的鸳鸯厅，是昔日园主人宴请客人之所，含蓄地用“燕誉”比喻宴会厅，的确很有学识。燕誉堂名字取自《诗经》“式燕且誉，好尔无射”，意思是在这里宴请宾客，能让人不厌烦。堂内富丽堂皇，高大宽敞，装修精美，堂前庭院内，种植了牡丹、玉兰等花卉，体现了“玉堂富贵”的意思。乾隆皇帝当年游狮子林时，此地曾摆过御宴。

立雪堂是狮子林传法的场所，天如禅师曾在此说法授徒，取“立雪”典故为名。在我国古代，有两则立雪典故。一则相传禅宗二祖师慧可初次参见菩提达摩，等候在门外，夜间大雪交加，慧可求师心切，恭恭敬敬等到天亮，雪已经没了膝盖，达摩为慧可的精诚所动，终于收他为弟子。另一则是“程门立雪”的故事，说的是北宋时期杨时、游酢来到嵩阳书院拜见程颐，正遇上老先生闭目养神。杨、游二人怕打扰先生，恭恭敬敬，肃然侍立门外，直到天亮，门外积雪有一尺多深。两个典故均流传很广，人们以此倡导尊敬老师，诚恳求教的美德。如今，狮子林立雪堂里还悬着“立雪”的匾额，并且题有长跋。读书人走近这里，不能不感慨一番。

狮子林从最初的禅宗丛林，到寺庙后花园，再到私家花园，园主人不断更替，各人的阅历修养、情趣追求也反映在造园艺术上，形成了今天既有佛教意味、又有世俗追求，既有其他园林共同的特征、也有它的独到个性的特色，这正是狮子林的迷人之处。

环秀山庄

苏州园林大多以水为中心，只有环秀山庄例外，它是以假山为中心的山水园林，山景是它的主景，这大约也是叫“山庄”而不叫“园”的缘故吧。

一千多年前的东晋时期，王珣、王珉兄弟在这里建景德寺，这便是环秀山庄最早的雏形。后来历代都有修葺，清道光二十九年（1847年），富商汪为仁购得此园，成为汪氏宗祠“耕耘山庄”的东园，更名“环秀山庄”，也称“颐园”。与其他苏州园林一样，在岁月更替中，环秀山庄也几经兴废变迁和易主改名，尤其是太平天国时期，损毁严重。到解放时，仅存大假山和补秋舫两处建筑。1979年政府对假山进行了维修，并重建了“半潭秋水一房山”亭。1984年，又修建了部分建筑和景点，环秀山庄从此焕然一新。

苏州园林大多有文脉繁盛的过去，环秀山庄在历史上也是文人雅士聚集，留下很多人文故事。明朝大画家仇英曾画过一幅《金谷园图》，描绘了二位雅士在树林掩映、蜀锦装饰的长廊中吟诗唱和的情景，这幅画是仇英表现文人游园的代表作。它反映的就是环秀山庄的前身——五代时期吴越广陵王钱元璙所建的金谷园繁盛时期文人雅士聚会的情景。只是今天人们已经无法身临其境，只能通过图画想象罢了。

环秀山庄面积不大，占地仅三亩，建筑面积约占三分之一。布局设计巧妙得当，湖山、池水、树木、建筑融为一体。全园山重水复，峥嵘多姿；走在园中，移步换景，变化万端，感觉有走入万花筒的美妙。

环秀山庄以山出名，但山不是真山，而是假山。嘉庆时期，当时的园主人孙均喜好林泉，擅长书画，他邀请了江南叠山名家戈裕良重构园林，叠石为山，从此名扬天下，假山从此也成为园内精华。戈裕良是常州人，因家境清贫，少时即随父兄种树累石。23 岁时父亲亡故，他为了糊口，告别老母出外造园谋生。他筑的假山，别具风格，能浑然一体，巧夺天工，不需借助于牵罗攀藤掩饰点缀，而逼肖真山，因此人称花园子。到清嘉庆初年时，他已名声在外，乾隆时江南一些官僚豪门，纷纷置园叠山，裕良遂为各地所争聘，得以大显身手，留下许多传世杰作。现存几处有名园林中，环秀山庄的假山最能代表他匠心独运的叠山艺术。占地不过半亩，然而咫尺之间，有危径、洞穴、幽谷、石崖、飞梁、绝壁，境界多变，犹如天然，使人有千岩万壑的感觉，有“独步江南”之誉。环秀山庄的假山被称假山中神品，已被联合国教科文组织列入世界文化遗产。常熟的燕谷，约改建于道光五年，原为台湾知府蒋元枢所居，戈裕良在五芝堂前堆砌的假山，构思新颖，绕有奇趣，亦为世所称。道光十年三月十九日裕良病故于常州城东宅中，时年 67 岁。死后葬于武进丰西乡代渡桥（今常州市青龙乡）。

想来是为了获得动中有静的效果，假山之间还专门布置一处泉水——飞雪泉。这道泉水别有一番来历，相传乾隆年间，刑部员外郎蒋楫购得环秀山庄，在重修时，挖地得一口古井，有清泉涌出，蒋楫欣喜万分，取苏轼《试院煎茶诗》中“蒙茸出磨细珠落，眩转绕瓯飞雪轻”的意思题名为“飞雪泉”。飞雪泉水质优美，为苏州园林中的一处名泉。现在园内西面的秋山石壁上刻有“飞雪”两个字。飞雪泉后来年久淤塞，现存遗址，后人巧用其地作为大假山山洞的源头。飞雪泉南面假山前的水池中，有亭子面临池水，故名“问泉亭”，此泉用了一个问字，增加了无限的人文色彩，令人有无限遐想。问泉亭为1984年重修，如今四角飞檐，古色古香，焕然一新，既稳重又华丽，是游人歇脚、品茗、赏园的好去处。

假山后面还有一座小亭，依山临水，旁侧有小崖石潭，借“素湍绿潭，四清倒影”之意，取名“半潭秋水一房山”，这个亭子为新中国成立后重建，但与整个园的风格极为和谐，成为难得的一处景点。在亭中观山、看水，赏园，有身处山林之感，一时会忘了身在闹市园林。

环秀山庄因山出色，堪称古典园林中跌山造景的典范，永远值得人们去欣赏和品味。正如我国园林专家陈从周所说，“环秀山庄假山，允为上选，叠山之法具备，造园者不见此山正如学诗者未见李、杜，诚占我国园林史上重要一页。”

沧浪亭

在苏州园林中，沧浪亭、狮子林、拙政园、留园按照建园年代排序，分别为宋、元、明、清四个朝代，其中沧浪亭是历史最悠久的古典园林。

沧浪亭的原址曾是中吴军节度使孙承的池馆，北宋庆历四年（1044年）诗人苏舜钦因遭谗言被罢官，流离吴中时，看上这里的环境，花了四万贯钱买下，在河边傍水造亭。因感于《楚辞》中“沧浪之水清兮，可以濯吾缨；沧浪之水浊兮，可以濯吾足”，题名“沧浪亭”，自号沧浪翁，并作《沧浪亭记》。园子造好后，他还邀请了欧阳修作《沧浪亭》长诗，诗中有“清风明月本无价，可惜只卖四万钱”两句有趣的题咏，自此“沧浪亭”名声大振。

沧浪亭也与苏州其他园林一样，在时代变迁中，几度荒废，几度修复。南宋初年一度为抗金名将韩世忠的宅第，那时也称“韩园”。清康熙、同治年间两次重修，把原本傍水的亭子移建于山之巅，形成沧浪亭今天的布局基础，并以文徵明隶书“沧浪亭”为匾额。如今的沧浪亭已见不到北宋初建时的面貌，但其古木苍老郁森，基本保持了旧时的风采。

苏州园林大多都有围墙，只有进门才能观景，沧浪亭却是例外。沧浪亭充分利用地形，临水而建，游人穿过街前的牌坊，首先面对的是一湾池水绕于园外，杨柳荷花，春意盎然。“未进园，先见景”也成为沧浪亭有别于其他园林的独到之处。园内同样有一泓清水贯穿，波光倒影，景象万千。整个沧浪亭以山石为主景，山上古木参天，山下凿有水池，山水之间以曲折的复廊相连。难怪人称“千古沧浪水一涯，沧浪亭者，水之亭园也”，沧浪亭内外皆临水，因水得景，因水造景，山水相连，妙趣横生。

著名的沧浪亭隐藏在山顶之上，它凌空欲飞，古雅疏朗，为登高和观景的好去处，也是全园的点睛之笔。亭上“沧浪亭”匾额为晚清学者俞越所书。此亭最为引人注目的是石柱上的石刻对联：清风明月本无价，近水远山皆有情。上联选自欧阳修的《沧浪亭》诗“清风明月本无价，可惜只卖四万钱”，下联出于苏舜钦《过苏州》诗中“绿杨白鹭俱自得，近水远山皆有情”句。把两个大文人的诗文巧妙缀成一联，不能不说是匠心独运，也为沧浪亭增添了不少文化底蕴。

御碑亭在沧浪亭的西面，亭中有康熙南巡时，为了勉励地方官员勤政仁政，手书赐予江苏巡抚吴存礼的对联“膏雨足时农户喜，县花明处长官清”以及康熙的诗文碑。据传，康熙南巡时，曾在此赏梅，提笔写到“一片一片又一片，二片三片四五片，六片七片八九片”，突然停笔，要随驾臣僚们续写第四句，结果都不能续出，康熙只好自续“飞入梅花都不见”。这使得康熙十分担心地方吏治昏聩无能，于是他便写下：“曾记临吴十二年，文风人杰并堪传。予怀常念穷黎困，勉尔勤箴官吏贤。”此诗后来被刻于御碑亭。

苏州园林总与文人割不断联系，沧浪亭也是如此。园中最大的主体建筑“明道堂”的名称，取自苏舜钦的《沧浪亭记》中“观听无邪，则道以明”。这里曾是紫阳书院和正谊书院，为文人讲学之所。著名学者程颢、程颐曾在这里做过学祠，那时求学问道者络绎不绝。明道堂在假山、古木掩映下，透着清净、庄严、肃穆的气氛。相传乾隆帝南巡时，为这里的爽朗清静氛围所动，曾召誉满江浙的苏州评弹艺人王周士在堂内说书。据说王周士说了最拿手的《白蛇传》，拨弦说唱，绘声绘色，听得乾隆欲罢不能，把王周士留宿在沧浪亭，后来，干脆命王周士随驾进京，外加赐七品冠戴。不过，王周士过惯了说书的日子，到了京城，锦衣玉食反而不适应，后来又找了借口，禀明皇上，再回苏州说书。如今，明道堂依旧保持着昔日的清净，只是斯人已去，评弹这门说唱艺术也日渐消亡，只留下了三块宋碑石刻拓片在墙上，分别是天文图、宋舆图和宋平江图（苏州城市图），供人们观瞻和怀旧。

为了集中呈现苏州名人，道光年间园主人还别出心裁，增建了五百名贤祠，祠中粉壁上嵌刻了594幅与苏州历史有关的人物雕像，为清代雕刻名家顾汀舟所刻。每五幅像合刻一石，每石上面刻传赞四句，概述他们的生平。人物涵盖从春秋至清朝约2500年间人物，绝大部分是吴人，少数为外地来苏为官的名宦。人像多数从古代文献中临摹，少数依名人后裔描绘，具有一定的文献价值。

竹是自苏舜钦建园以来历代沧浪亭的传统植物，亦是沧浪亭的特色之一。沧浪亭竹种多样，现今达20余种，竹子种类和数量都位居苏州园林之首。有趣的是沧浪亭不少建筑的名称也与竹有关，如“翠玲珑”馆的名字，取自苏舜钦的诗句“秋色入林红黯淡，日光穿竹翠玲珑”，看得出苏舜钦这位宋代诗人确实是喜爱竹子的。如今这处建筑静静地坐落在芭蕉竹柏之间，环境雅静，适合观竹品茗，每当清风吹拂，万竹摇曳，婆娑动人。

沧浪亭是山林风景园，也是人文景观园，游沧浪亭，不仅能赏景观园，也能感受到厚重的人文之美，这是更宝贵的。

留　园

留园的得名有一段传说，据说清同治年间，园主人盛康在整修花园时曾发现一块“长留天地间”的石碑，相传为刘伯温所制，盛康想这个花园历经风雨能保存下来，实属不易，似乎冥冥之中有老天保佑，他也希望在盛家能长久保存下去，恰好原先的园主人也姓刘（乾隆年间刘恕），取谐音，一箭双雕，干脆叫“留园”。的确留园自明嘉靖年间建园以来，虽几经兴衰和更名，基本没有遭到大的毁坏，这在苏州园林里是不多见的。

最初的留园是由明朝太仆寺少卿徐泰时罢官归里后所造的东园，当时园内栽种了牡丹、芍药等花木，还专请叠石名家周秉忠堆叠了假山，假山中有著名的太湖石一座，为北宋“花石纲”遗物，远近闻名。那时虽不叫留园，但已奠定了基本格局，后来经过乾隆、道光、同治、光绪、辛亥革命等各代修葺，到新中国成立后进一步抢修后，终以崭新的面貌对外开放。

留园占地约50亩，全园大致可分中部山水、东部庭园、西部山林、北部田园四个景区。各景区之间以游廊相连，迂回曲折，廊长达700余米，畅游其间，移步换景，秀色迭出。留园最著名的建筑有涵碧山房、明瑟楼、五峰仙馆、林泉耆硕之馆等。留园最著名的是假山奇石多姿多彩，堪称景观亮点。

涵碧山房和明瑟楼组成了一组建筑，巧妙结合，临池而建，好像水池中的画舫，游人至此，站在月台，可以赏荷花，观游鱼，怡情养性。涵碧山房名字取自著名理学家朱熹的“一水方涵碧，千林已变红”诗句。山房内装饰古典雅致，西侧有爬山廊，随山势高下起伏，连接山顶的闻木樨香轩，轩周围遍植桂花，每当秋日，香气浮动，沁人心脾。伫立闻木樨香轩，山高气爽，环顾四周，满园景色尽收眼底。1923 年，蔡元培先生与夫人周女士曾在涵碧山房举行了婚礼，婚礼现场，蔡元培先生发起拯救苏州角直镇保圣寺活动，并与夫人当场捐款 100 银洋，此举赢得了广泛的社会赞誉。蔡元培夫妇的婚礼为涵碧山房增添了一处特殊的人文景观，人们走近这栋建筑，不能不想起他们。

林泉耆硕之馆是留园著名的鸳鸯厅，“林泉”指山林泉石，比喻隐居休息游玩的地方；“耆”指年老的意思；“硕”指有名望的人；“馆”是四通八达的地方。大意是：这里是德高望重的社会名流聚会的地方。五峰仙馆是留园主厅，因大量奇石在馆前堆叠了五座小山峰，李白有“庐山东南五老峰，青天秀出金芙蓉”诗句，于是以此为馆名，五峰仙官高大宽敞，有“江南第一厅堂”之誉。

在参差错落的古建筑群里，留园还有“大理石座屏、冠云峰、冠云楼的鱼化石”三宝，这是留园的无价财富。

圆形的大理石座屏是留园第一宝，这块大理石画屏的珍贵之处在于石质好、石纹妙、尺寸大，天然的纹理仿佛天然的山水画，明月、清风、野山、飞瀑集中于一块石面。据说这块大理石采于云南点苍山，有“雨后静观山”“风前闲看月”的境界，全国罕见。

留园几代园主都爱好搜罗奇石，徐泰时为园主时，搜罗到了著名的花石纲遗物瑞云峰，刘恕为园主时，四处搜罗，园中共有奇石十二峰，名奎宿、玉女、箬帽、青芝、一云、印月等，名重一时。到盛康时，又搜得著名的太湖石冠云峰。据传冠云峰湖石并非留园旧物，它原来峙立于园外民宅中，当年乾隆年间的园主人刘恕多次想要买下置入自己的园中，都没能如愿。咸丰年间太平军与清军在苏州激战，战后，民宅荒败，此时的园主人盛康遂于光绪十七年把冠云峰连带民宅之地一起买下，冠云峰自此进入留园之内。在冠云峰东南侧，盛康特意建了一座盛氏家庵，因盛康号“待云”而得名“待云庵”，这是盛康参禅悟道的地方，也是他赏石的地方。庵西外廊壁上有“白云怡意”“清泉洗心”二方石刻，很能表达主人的心意。冠云峰高6.5米、重5吨，玲珑剔透，具备了宋代书画家米芾所说的“瘦、透、漏、皱”之美，相传为宋代花石纲遗物，系江南园林中最高大的一块湖石，为留园的镇园之宝。所谓“冠云”，取自于郦道元的《水经注》“燕王仙台有三峰，甚为峻岭，腾云冠峰，高霞翼岭”。它与苏州十中的“瑞云峰”、上海豫园的“玉玲珑”、杭州西湖的“皱云峰”并列为江南四大奇石。峰石周围还建有冠云楼、冠云亭、冠云台等，都是为了突出冠云峰所建。

鱼化石就嵌在冠云楼下茶室正中的粉墙上，它是一块外罩玻璃的黄褐色石板，长方形，上面有近20条轮廓清晰的小鱼。这块鱼化石保存在一层一层云母似的岩石中，小鱼体型较小，头大尾窄，形象生动，仿佛正在水底游动。据说这是生存于一亿四千多年前深海中的古鳕鱼的化石，是珍贵的自然之宝。

耦　园

由景观领略园主人夫妇情志的园林，大约只有耦园一处，这也是耦园所以成为名园的重要原因所在。

耦园始建于清朝雍正年间，那时叫“涉园”，园子不大，但是建了不少景点，经常有名流来此，诗酒相聚。可惜，此园后被战火焚毁。直至同治年间，河南按察使、湖州人沈秉成因病暂住此地，购得涉园废址，聘画家顾坛等筹划，扩地增建，成为耦园。沈秉成爱好金石字画，精于收藏，他的续弦夫人严永华也擅长辞赋书画。由于夫妻二人兴趣相同，取名耦园，谐音“偶园”，一方面隐喻夫妇白头偕老之意，另一方面也指有东西两园的意思。当时，沈秉成请人在园中教导他的孙子读书，潘祖荫、李鸿裔、吴云、郑文焯等一帮文人雅士经常来切磋古玩，赋诗饮酒，耦园鼎盛一时。后沈秉成再起，到外省赴任，全家随往，耦园渐渐荒芜。光绪年间，沈秉成去世后，耦园逐渐荒废，最后萧条到出租的地步。20 世纪上半叶，耦园几经易主，直到新中国成立后捐献给国家，由政府修缮后，才有了今天的面貌。

耦园与苏州众多园林不同的是“双园并列”，其东、西两部分是园林，中部是住宅。园以住宅居中，两翼为东西两花园，园宅之间重楼贯通，为苏州园林中所特有。

耦园造景的最成功之处是黄石假山，这在东花园尤为突出。东花园是耦园的精华所在，整个东花园以山为主，以水为衬，形成山水相容的景致。据传，黄石假山是明末清初叠山名家张南垣的作品。张南垣绘画功底深厚，他将画理融于园治，往往每置一景，常常别出心裁，结果巧夺天工，宛如山水图画一般。明代嘉靖以后，在诸多叠石名师中，张南垣名噪江南，加上他为人谐趣、诚恳，在高官名绅、诗人墨客中享有很好的口碑。豪富官宦凡叠石造园的，每年书信相邀或上门礼聘的，不下几十家。不少名园都出自他手，他的事迹被列入《清史稿》。他所叠东花园假山属苏州园林假山之上品，素有盛名，与环秀山庄的黄石假山并称为苏州假山双杰。假山山势雄伟，峥嵘峭拔，有山径、蹬道、悬崖、绝壁、石室等。主山形态各异，分别取名“留云岫”“桃屿”“邃谷”等等，形象生动，主山边的绝壁，直泻水面，是全山最精彩处。

东花园中主体建筑为一组重檐楼厅，总称城曲草堂，为旧日园主宴集宾客之处。后来为方便生活，又在草堂楼上建“补读旧书楼”和双照楼。楼西的枕波双隐亭，有一副楹联尤为吸引游人，也为东花园增添了不少人文色彩，“耦园住佳偶，城曲筑诗城。”据说出自园主夫人严永华之手。由此联，也能自然联想到园名的由来。

补读旧书楼仅就名字就尤其令人遐想，据说，沈秉成曾经在京城得到一块石头，请人将石剖开，发觉横切为二后，看起来竟像鱼的形状，沈秉成便将两块石头分别制成砚台，一块留着自己用，一块送给夫人严永华，并将两块砚台取名鲽砚。鲽是水中一种类似比目鱼的鱼类，就像鸳鸯和并蒂莲一样，比目鱼也常被人们用来比喻生活美满和谐的夫妻。沈秉成将两只砚台命名为鲽砚也正是此意。此后，沈秉成夫妻二人在补读旧书楼中，共研书画，鉴赏收藏，其乐融融，感情也更加深厚无间，正像主人取名“耦园”所期望的。当然，这里的确是读书著述的好地方，当代著名史学家钱穆曾在30年代末隐居于此，潜心读书著述，完成了《史记地名考》一书，钱穆晚年在台湾还常忆及耦园。如今，人们驻足期间，想起世间男女感情，不禁感慨园主夫妇二人感情的真挚与和谐。

山水间是东花园的一处水榭，因位于山水之间，可领略山水之乐趣，故名。此阁四面通透，远可眺望山色楼影，近可观碧水游鱼，是小憩休闲的好去处。阁内珍藏有耦园镇园之宝，梓杞木雕岁寒三友落地罩，雕刻精美，令人叹为观止。

西花园内有织帘老屋、藏书楼，以曲廊花墙相连，较之东部山水花园，另有一番情趣。在织帘老屋与藏书楼之间，有花木婆娑的院落和游廊，沈秉成爱好金石书画，精于收藏鉴赏，夫人严永华擅长诗词，工于书画，二人夫唱妇随，吟诗作画，饮酒唱和，在此生活八年，留下了大量的诗文字画，为耦园增添了浓重的人文色彩。

耦园虽不大，但是突出双双隐归之意，以小见大，抒情写意，其布局在苏州园林，乃至在全国园林中都独树一帜，这也是耦园的魅力所在。

怡　园

在苏州园林中，怡园是建园历史最短的私家花园，也是一座由画家构思布局的极具诗情画意的文人园林。

怡园建于清同治十三年（1874 年），由礼部侍郎顾文彬和他的儿子画家顾承所建，历时四年，耗银 20 万两建成。怡园的名字取自《论语》“兄弟怡怡”。顾文彬中过进士，擅长书法，爱好诗词和收藏，园内所有建筑的词联几乎都是他本人选自宋元辞赋，由书法名家撰写，他还将园内词联编辑成册《眉绿楼词联》。顾承为顾文彬第三个儿子，他擅长绘画，主持建园期间，邀请了画家任柏年、顾芸、王云、范印泉、程庭鹭等参与筹划设计，园中一石一亭均先拟出稿本，待与顾文彬商榷后方定。园成之后，江南名士多来雅集，名盛一时。

“怡园琴会”成为怡园文人雅士雅集的品牌活动。光绪二十一年（1895 年）顾承之子顾鹤逸与吴大、陆廉夫、郑文焯、吴昌硕等于园中创作了怡园画集。1919 年仲秋，园主为弘扬琴文化，与琴家叶璋伯、吴浸阳、吴兰荪等人，特邀上海、扬州、重庆、湖南等地琴人 30 余人，相聚怡园举行琴会。会后，画家李子昭作《怡园琴会图》长卷，吴昌硕作《怡园琴会记》，记录盛况。顾文彬的孙子、山水画家顾麟士在《怡园琴会图》上题诗纪念，有“月明夜静当无事，来听玉涧流泉琴”之句，一时传为佳话。这次活动在中国近代琴学史上赫赫有名。自此，“怡园琴会”便成为琴友相聚的固定活动。为了大兴琴学，弘扬交流，1935 年，琴家还在怡园雅集，成立了“今虞琴社”。然而由于战争和社会动荡，怡园琴会不久就名存实亡了。顾鹤逸病逝后，怡园逐渐衰落。日伪时期，破坏尤为严重，园中古玩字画被劫掠一空。后来，怡园屡屡挪作他用。1953 年 12 月，顾鹤逸之子顾公硕等将怡园献给国家。市政府拨款维修后开放游览。1992 年，著名古琴家、吴门琴派的代表人物吴兆基等古琴家及琴友十余人聚会怡园，把怡园琴会这个高雅的集会延续了下来，成为怡园新的亮点。

怡园占地不大，但能吸取苏州各园之长，巧置山水，自成一格。整个体局以复廊为界隔东、西两部，东部以建筑为主，西部水池居中。在造园艺术上，怡园能博采诸园景物之长，如复廊仿沧浪亭，水池效网师园，假山学环秀山庄，洞壑摹狮子林，旱船拟拙政园。

怡园主要建筑景点有玉延亭、四时潇洒亭、坡仙琴管（石听琴室）、拜石轩（岁寒草庐）、石舫、锁绿轩、金粟亭、南雪亭、藕香榭（锄月轩）、碧梧栖凤、面壁亭、画舫斋、湛露堂、螺髻亭、小沧浪等，其中怡园的书法长廊为苏州诸园之冠。

玉延亭的得名是因为这里原有一片竹林，所以取“万竿戛玉、一笠延秋”诗意为名。顾文彬曾有诗曰“主人友竹不俗，竹伴主人不孤，万竿戛玉、一笠延秋，洒然清风”，所以亭名字不仅寓意竹的高风亮节，也将顾文彬的诗文融入其中，体现园主人的志趣，精妙恰当。玉延亭中有一副石刻对联“静坐参令妙，清潭适我情”，为明代董其昌草书，与附近的四时潇洒亭一起形成了以竹为中心的艺术氛围。这也是园主人所追求的“清雅脱俗，潇洒自如”人生境界的体现。亭子附近走廊的壁上嵌有我国历代名家王羲之、怀素、米芾等的书法石刻 101 方，称为“怡园法帖”，在书法艺术上有较高的借鉴价值。

怡园主人顾文斌爱好琴石，追求“高山流水觅知音”的高雅情调，在造园时，精心构筑了与琴有关的两处景点，即坡仙琴馆和石听琴室。琴馆中有苏东坡塑像，以示敬仰。琴室中设有琴台。据专业人士说，琴室的构造和装修符合音响效果最佳的原理，同时还考虑了春夏秋三季开窗听琴的需要。琴室窗外有两座形状为探头状的石峰，好像在聚精会神地听着琴室内的琴声，与琴室名字意思一致。琴台正是举办“怡园琴会”的场所。

相传，北宋书画家米芾爱石成癖，见怪石即拜，故称为“米颠拜石”，怡园的庭院多奇石，据说在当初建园时，购得了多家废园的湖石，园主人也建了一处“拜石轩”。拜石轩体现了怡园主人敬仰米芾的情怀和爱石的闲情逸致。

顾文斌不但爱好诗书琴画，还是我国近代著名的藏书家，怡园其实就是顾氏藏书楼“过云楼”的后花园。过云楼的名字取自苏东坡“书画于人，不过是烟云过眼而已”。过云楼以收藏书画、古籍、金石名扬四海，享有“江南第一家”的美誉。顾文斌一生殚精竭虑，多方搜求，收藏古代书画，达到数百件之多，其中不少传世珍品。他对收藏书画达到了痴迷的程度，在过云楼落成的第六天，他就辞官回乡，专门整理收藏的书画。晚年，他精心挑选所藏书画 250 件，编撰《过云楼书画记》十卷，并选编家藏书法名帖，刊刻成《过云楼集贴》八卷。在动荡年代，顾氏一家极力保存所收藏的书画、古籍、金石，新中国成立后，顾氏后人分两次将过云楼藏品中 308 件书画捐给了国家。

寄啸山庄

去扬州，不能不游何园，何园由何芷舠所建。何芷舠是清光绪年间人，任过湖北汉黄道台、江汉关监督，据说还曾任过清政府驻法国公使。因主人在壮年时辞官隐退，取陶渊明的诗“倚南窗以寄傲”“登东皋以舒啸”之意，又名“寄啸山庄”。它是扬州面积最大、保存最为完整的一座古典园林，有“晚清第一名园”美誉。

何园分三部分，南部为住宅，北部为花园，东南部为片石山房。

何园的艺术特色非常明显：一是旱园水意。何园没有大水池，为了弥补水的不足，设计了一处船厅，四周以鹅卵石和瓦片铺成波浪形的地面，造成船在水中的意境。正如船厅抱柱上的楹联“月作主人梅作客，花为四壁船为家”所形容的，人在船厅，仿佛身在画舫。二是复道回廊。在我国古代园林中，长廊是连接各处景点常见的建筑。何园的长廊有1500多米长，且是复道回廊，它将花园、住宅连成一体，四通八达，回环变化，被称为“天下第一廊”，在中国园林中绝无仅有，建筑专家们说它是中国立交桥的雏形。三是花木繁盛。何园有老桂树、绣球树、紫薇、黄杨等名贵树木，其中的绣球树特别引人注目，每当花开季节，满树绣球，令人心动。何园还有牡丹、芍药、蜡梅等花卉，整个园子四季飘香，多姿多彩。

玉绣楼是住宅的核心建筑。因为庭院中栽植有广玉兰和那棵闻名的绣球树，故得名玉绣楼。它是由前后两栋建筑组成的四合院，无论从哪个门进来，沿着回廊都可以绕行一周，回到原点。这个院落为主人居住的地方，从遗迹可以想象当年园主人生活的点滴。在玉绣楼二楼地板上，至今还留有6处脸盆大小的圆洞，这是过去主人在这里居住时，由仆人经洞口向上送饭菜和生活用品的，那时主仆身份差别很大，仆人不能随便进主人居室。

与苏州园林一样，何园的每一栋建筑也有传奇的人文色彩。骑马楼是何园的客舍。此楼的名称由来有两种说法，一说“骑马”意味着异乡和征途，所以客舍取骑马为名。另有一说，骑马楼形似马鞍，分为东、西两幢楼。不管怎么说，这栋楼都与近现代的名人有关。国画大师黄宾虹就曾客居骑马楼。他是何芷舠长媳的族叔，一生六次来扬州，皆寓居在东一楼。1954 年 11 月，91 岁高龄的黄宾虹在给女弟子顾飞的长信中，还追叙他当年到扬州及何园的经历与见闻，可见他对这里是有深厚感情的。而东二楼中间的过道，曾是著名作家朱千华先生的旧居。朱千华是《水流花开：南方草木札记》《雨打芭蕉落闲庭：岭南画舫录》的作者，20 世纪 80 年代初，朱千华与父母、妹弟一家五口人，在这里生活了五年，创作了不少文学作品。

片石山房在何园东南部的小花园区，清代光绪年间，被园主人何芷舠购得。据传这座山房建于乾隆年间，由石涛和尚设计，是一座精美的园中之园。石涛是明末清初的画坛巨匠，开辟了扬州画派，为扬州八怪的先驱。石涛遍访名山大川，被称为“搜尽奇峰打草稿”，晚年居住在扬州，死后也葬在扬州。片石山房是他叠石留下的唯一人间孤本，其价值可想而知。现存的片石山房于 1989 年复修，门楣上的“片石山房”匾额是移用石涛的墨迹。此园以石涛画稿为蓝本，表现了石涛诗中“四边水色茫无际，别有寻思不在鱼；莫谓池中天地小，卷舒收放桌然庐”的审美意境。片石山房虽不大，但名气很大，就因它留有石涛的遗迹。

假山是片石山房中的亮点，奇形怪状，极具古人推崇的“虽为人作，宛自天开”效果，蕴含着粗犷美和奇异美，是一种虚中有实、实中

有虚的境界，为园中景致增色不少。其中一座精巧的太湖石假山，被誉为“天下第一山”。假山丘壑中的还有一处“镜花水月”景观，十分稀罕，这样的景观在皇家园林中也只有一处，那就是承德避暑山庄文津阁，通过假山留洞形成水面月牙倒影，片石山房也是如此，而且是圆月，十分奇特，可称得上是片石山房一绝。

个　园

个园的名称来源于主人的爱好，清嘉庆年间，两淮盐总黄至筠在购得的明代寿芝园旧址上建园，因为爱竹，认为竹本固、心虚、体直、节贞，有君子之风，在园内种竹千杆，并以竹叶形状类似“个”字，取名“个园”。

关于黄至筠，其家世及籍贯历来有争论，有说他是安徽人，也有说他是浙江人。且不论他是哪里人，只就他作为扬州著名盐商，其财富的确富可敌国。民间有一则传说很有趣：据说黄至筠的早餐是燕窝、参汤外加鸡蛋两只，他的儿子黄小园早晨常用十几种点心和十几种粥待客。有一天，黄至筠闲来无事，随手翻看记事簿，看到“卵二枚，每枚纹银一两”，非常诧异，心想鸡蛋怎么会这么贵呢。他于是斥责厨子弄虚作假。厨子不仅不承认，还说他送的鸡蛋非别人家可比，每个蛋一两银子算是很便宜的了，说要是不信可另找他人，说完就请辞走了。黄至筠果然重新找了厨子，结果鸡蛋便宜了，可味道大不如前。后来一连换了几个厨子，都是这样。最后无奈又叫回原来的厨子，结果鸡蛋的味道又好了。黄至筠大惑不解，问厨子缘故。厨子说：“为了给黄府送鸡蛋，我家养了一百多只鸡，都是用人参、白术、红枣等研磨的粉末，加饲料喂大的，所以才有这样的美味鸡蛋。”黄至筠派人查看，果如他所说，自此再不提换厨子了。由此可见黄至筠饮食的精致考究，当然更能想象出黄家财力的雄厚和生活的奢侈。正因为他有雄厚的经济实力，所以才能建造出如此豪华、精致的个园。

传统的私家园林大多宅园结合，个园就是前宅后园的布局。前宅有东、中、西三路并列，三道火巷相隔，另有附房延伸。三路住宅既有共性，也有个性，各具特色。个园在住宅之后，以竹石假山为胜。

大凡去个园的人，无不对个园假山印象深刻，堆叠精巧的假山是个园景观的精华。园中主要景点宜雨轩、抱山楼、拂去亭、住秋阁、漏风透月轩，都与假山水池结合而成一体。假山在亭台楼阁的映衬下，显得古朴典雅，雄奇多姿。

古人造园，既讲究自然，又力图表现画意，个园最为著名的四季假山就是表现画意的成功例子。北宋山水画大师郭熙曾在《林泉高致》中形象地概括四季山景为："春山淡冶而如笑，夏山苍翠而如滴，秋山明净而如妆，冬山惨淡而如睡。"后来成为历代画家画山时所要表现的意境。个园主人附庸风雅，在造园时，为了表达画意，使用笋石、湖石、黄石、宣石四种不同的石头，表现春夏秋冬四季景色，号称"四季假山"，为国内唯一孤例。游园一周，就好像经历春、夏、秋、冬四季，这不仅是个园，也是扬州园林中最具地方特色的一景。

春山乍看并不像山，仔细欣赏，发觉意蕴横生。主人十分爱竹，推崇苏东坡说的"宁可食无肉，不可居无竹，无肉使人瘦，无竹令人俗"。在堆叠假山时，充分利用了竹子，石额门前，遍植翠竹，竹林间配以笋石，这些笋石或高或矮，或粗或细，在竹林掩映下，有雨后春笋的意趣。关于黄至筠爱竹，还有一段故事。据说他喜欢吃竹笋，且爱吃黄山竹笋。财大气粗的他为了吃到新鲜的黄山竹笋，特意派人设计了一种可以长途移动的火炉，让人带火炉到黄山，挖到竹笋后，立刻就地洗净切好，与肉一起放到火锅里焖炖，然后连火炉带竹笋，日夜兼程，火速运往扬州，等人赶到扬州，竹笋和肉都炖好了，成了美味可口的肉炖笋。这当然只是传说，但是园主人爱竹是事实。

夏山以太湖石叠成。因为湖石的形状好似夏天的云朵，且石峰大多以"云"为名，所以称为夏山。"天下之石，独以太湖石为甲贵"，太湖石自古就是造园叠石的主要材料，玲珑剔透的太湖石，一直深得文人雅士喜爱，北宋书画家米芾赏识成癖，被人称为石痴，他把“皱、瘦、透、漏”四大特点作为品石的标准。太湖石就是具备了这四大优点。夏山的东侧有七楹长楼，楼下梧桐蔽日，浓荫满阶。夏山下的水池中种植了红白荷花，六七月间，荷花绽放，与夏山交相辉映，更增添了夏日的意境。

秋山是个园的主景，以黄石叠成，拔地而起，峻峭凌云，气势磅礴。秋山山岭为全园制高点，是秋日登高最佳场所。每当秋日里夕阳西下，晚霞映在秋山上，光影变幻，树姿摇曳，登山，赏石，看夕阳，四周呈现的是一派山林秋景图。山上有几条崎岖盘道，可以上下，游人登山，需颇费周折，同时也获得登山的乐趣。秋山脚下有飞梁石室，内置石桌、石凳、石床，游人至此，有置身于真山的感受。山上有拂云亭，顾名思义，为登高赏园、看云的场所。

冬山是用宣石叠成，石白如雪，似一层未消的残雪覆盖，称之为冬景。为了增加冬的效果，在假山墙上留了四排共计 24 个圆洞，称之为“音洞”，阵风掠过，发出“萧萧”鸣声，倘若冬季，雪落个园，陡然就会增添冬的寒意。这些音洞还有另一层用意，透过音洞，即可看到春山石笋，一派“一元复始，万象更新”的春景立刻令人朝气蓬勃。

清人戴熙《习苦斋题画》说“春山宜游，夏山宜看，秋山宜登，冬山宜居”，指的是自然界的人，以此来形容个园的假山也恰到好处，这正是个园景观的妙处。

瘦西湖

全国有不少地方都有西湖，唯扬州瘦西湖和杭州西湖最为著名。

瘦西湖在隋唐时原名保障河，经过历代修建，形成了沿河私家园林。清朝的康熙、乾隆二帝曾数次南巡扬州，当地的豪绅争相沿河建园，一时有“园林之盛，甲于天下”之说，到乾隆第四次下江南时，瘦西湖造园达到鼎盛时期，形成了沿河二十四景。清代钱塘诗人汪沆赞道“垂柳不断接残芜，雁齿虹桥严画图。也是销金一锅子，故应唤作瘦西湖”，瘦西湖的名字由此传开。

瘦西湖全长4.3公里，湖面瘦长，窈窕曲折，迤逦伸展，串以长堤春柳、小金山、五亭桥、白塔、二十四桥、吟月茶楼、湖滨长廊、静香书屋等景点，利用桥、岛、堤、岸的划分，使狭长湖面形成层次分明、曲折多变的山水园林景观，俨然一幅天然秀美的国画长卷。

小金山是瘦西湖最大的岛屿，是建筑最密集的地方，也是瘦西湖最佳观景处。风亭、吹台、琴室、木樨书屋、棋室、月观等都集中在这里。小金山原名长春岭，建于清代中叶。当时扬州盐商为了使南巡的乾隆皇帝的游船能够由瘦西湖直达平山堂，在瘦西湖的西北部开挖了一条新河，挖河的土堆成了一座小山，这就是小金山。关于“小金山”的名字来历，还有一段传说：说是有一回扬州和镇江的两个和尚闲聊，镇江和尚说：“青山也厌扬州俗，多少峰峦不过江。”扬州的当然不同意这种说法，于是两人下棋打赌。结果扬州的和尚棋高一着，此景于是定名“小金山”，并在庭中挂了这样一副对联：“弹指皆空，玉局可曾留带去；如拳不大，金山也肯过江来。”只用了一个“小”字，就把镇江的“金山”引渡过来了。

风亭在小金山的山顶，是全园最高点。朱自清先生曾赞叹风亭为“瘦西湖看水最好，看月也颇得宜”的地方。风亭上有一楹联“风月无边，到此胸怀何以；亭台依旧，羡他烟水全收”。风亭这个名称就取自于上下联第一个字。所谓“山不在高，贵在层次。水不在宽，妙在曲折”，这就是瘦西湖和小金山的妙处。小金山西麓湖堤有一方小亭，名“吹台”，别看它不起眼，来历可不小，相传乾隆皇帝在这里钓过鱼，所以又叫钓鱼台。钓鱼台三面临水，各有圆洞门一孔。从钓鱼台赏景，正中圆洞恰好收入“五亭桥”一景，左面圆洞正好收入“白塔”一景，俨然两张完整独立的画面，所以说钓鱼台的圆洞门把借景手法用到了极致。

小金山是瘦西湖景区精华中的精华，历代游园者赞不绝口，正如清代的惺庵居士《望江南》所赞“扬州好，入画小金山。亭榭高低风月胜，柳桃错杂水波环。此地即仙寰”。

瘦西湖以河景取胜，自然少不了桥，瘦西湖的桥数量多，风格样式也多，五亭桥是其中最出名的一座。五亭桥建在湖面上，好像腰带，桥上有五座亭子，故名五亭桥。它是瘦西湖的标志，也是扬州风景线的一个标志。五亭桥是清代扬州两淮盐运使为了迎接乾隆第二次南巡，雇请能工巧匠设计建造的。据说是借鉴了北京景山山峰上的五亭、北海太液池边的五龙亭等经典建筑，桥的造型典雅秀丽，五座相聚，像盛开的莲花，所以又叫“莲花桥”。传说五亭桥有十五个桥洞，每月十五的月圆之夜，每洞各衔一圆月，十五个圆月倒悬水中，争相辉映，那时候，泛舟穿插洞间，水中捞月，仿佛人在天上，别具一番梦境情趣。

瘦西湖的景点人文色彩很浓，也令人有无尽的遐想。二十四桥仅是一座普通的桥，因为与文人典故相连，成了远近闻名的桥。《扬州鼓吹词》说：“是桥因古之二十四美人吹箫于此，故名。”当然，今天人们对二十四桥联想最多的是唐代诗人杜牧。据说二十四桥在唐代时，是文人欢聚、歌妓吟唱之地。一个月明之夜，有二十四个花容月貌的歌女，来此吹箫弄笛，巧遇杜牧，其中一名歌女特地折素花献上，请杜牧赋诗。杜牧于是作诗一首：“青山隐隐水迢迢，秋尽江南草未凋。二十四桥明月夜，玉人何处教吹箫。”从此，诗因桥而咏出，桥因诗而闻名，可谓妇孺皆知。实际上桥的得名还有另一种解释，因为此桥长二十四米，栏杆二十四根，台阶二十四级，诸多二十四，所以得名二十四桥。不论怎么说，有了杜牧的诗之后，仅就这个桥名，一千年来就引动过无数文人学者打笔墨官司。

二十四桥已经成了瘦西湖的一颗明珠，它已经在、还将继续在南来北往的游客中，与瘦西湖丰厚的人文故事一道传诵，成为瘦西湖的另一道独特景观。

秋霞圃

与其他园林不同的是，秋霞圃是由明代龚氏园、沈氏园、金氏园三座私家园林和邑庙合并而成，风格十分独特。合并的几个园林构成相对独立的四个景区，即桃花潭景区（原龚氏园）、凝霞阁景区（原沈氏园）、清镜塘景区（原金氏园）及邑庙（城隍庙）景区。

总览造园历史，秋霞圃原是明代工部尚书龚弘的私人花园，那时叫龚氏园，据说园内有十景，后历尽沧桑，几经扩建，数易其主。之所以叫秋霞圃，是因为明末时，龚氏后人在抗清中家破人亡，园子被徽商购得，徽商加以修葺，造了一座凝霞阁，登阁可望远，秋天傍晚，晚霞夕照，光芒四射，所以改名秋霞圃。现存秋霞圃有名胜古迹二十余处，景色秀丽妩媚，身临此园，无论何时，总会感觉是在淡淡的秋意中穿行，使人流连忘返。

秋霞圃布局精致、小巧玲珑，环境幽雅。全园以山取胜，池水环绕，不过8亩的规模，曲折回旋，给人以幽深之感。明代书画家董其昌曾题额："十亩之间"，十分形象地反映了秋霞圃的美学特征。全园布局紧凑，有亭台楼阁，茂林修竹，假山奇洞。园内有园，景外有景，有"城市山林"的美誉，是明代园林佳作，江南古典园林精品。与松江醉白池、上海豫园、嘉定古漪园、青浦曲水园并称为上海五大古典园林。近年来，秋霞圃独特的建筑风格吸引了广大建筑学家们不断来探访和研究。

秋霞圃以清水池塘"桃花潭"为中心，围绕池边布置了众多景点。

桃花潭南边的假山为山景湖石大假山，石壁从桃花潭中突兀竖立，俊俏嶙峋。此山由土石混合叠建而成，山上多种植物，疏密有致，为江南园林中假山的珍品。南山的名字取自陶渊明"采菊东篱下，悠然见南

山”，而桃花潭也是取自陶渊明《桃花源记》，可见当年园主人对陶渊明归隐山林的羡慕。

池北矗立的是黄石假山，山上的“即山亭”旧有景观，登临此亭可尽览园景，也可眺望远处的田园、城堞，故前人有“陌上女郎连抉出，即山亭子探春来”的诗句。山后有“近绿轩”，山前水上有“扑水亭”，都是登临佳处。站在亭中望水面波光粼粼、清澈见底，湖中游鱼来回穿梭于湖石之间。湖石形状各异，有的像鳌头、有的像鹰嘴、有的近似骆驼、有的状如老牛，皆惟妙惟肖，妙趣横生。

西部是池上草堂，是桃花潭景区的主体。此堂初建于道光、咸丰年间，名字出自唐代诗人白居易晚年的两篇作品《池上篇》《草堂记》，是园主人赏荷、读书的地方。堂与匾额均毁于咸丰庚申年兵燹，光绪二年重建，用以饮茶、对弈、垂钓、观鱼。1982 年又一次重修，堂前增置了数峰玲珑石，栽植了桂花、海棠、芭蕉、杜鹃及南天竹。取名池上草堂，实际上寄托了作者追忆古人归隐山林的情怀。

池上草堂东与舟而不游轩相连接，此轩因形似舟楫，故得名。室内侧设扶王靠，上悬上海画院应野平题的“舟而不游轩”篆书额。如今立在舟而不游轩旱船头上观景，山光潭影，一片诗情画意。堂南有一副对联：“池上春光早，丽日迟迟，天朗气清，惠风和畅。草堂霜气晴，秋风飒飒，水流花放，疏雨相过。”这副对联将秋霞圃春秋两季景色描绘得淋漓尽致。

著名的“三星石”就在池上草堂的西边。所谓“三星石”是指园里的三座石峰，为明代遗物，直立于绿荫丛中，乍看是石头，细看恰似三位老者正在向游人拱手作揖。三个老者分别取名为福、禄、寿，是中国传统文化中推崇和尊敬的老者形象，在这里与园林艺术很好地结合起来，可为秋霞圃一绝。

桃花潭东北有一别致的古典建筑“碧梧轩”，是秋霞圃的主要建筑之一，为园中主厅、会客之所，俗称四面厅。因为与南部的湖石假山遥相对应，又名山光潭影。厅周边有月台、小院、小石桥等景点。过了这座小石桥再往前走，便又回到舟而不游轩。

绕池一圈游完秋霞圃园景，才发觉秋霞圃的确是“小”，也才会感到这座古典园林建筑正体现了“小中见大”、曲折有致的特点，令人回味无穷。

古漪园

因神话传说而闻名的私家园林并不多见，在上海嘉定区的南翔镇，有一处古老园林叫古漪园，就是因神话传说闻名的。相传1000多年前，有一农夫耕地时掘到一块巨大的怪石，随即有两只仙鹤飞来落在上面，不一会又飘然飞去。农夫细看石头，发现上面留诗一首："白鹤南翔去不归，惟留真迹在名基；可怜历代空王子，不绝薰修享二时。"不久，僧人德齐得知此事，便认定此处是"佛地仙迹"，于是天天乘仙鹤四处化缘集资，在此兴建了白鹤南翔寺。待寺庙修毕，德齐和尚随仙鹤乘风翩然南飞而去，从此了无踪迹。白鹤南翔寺就是今天古漪园的前身，南翔镇也因此而得名。

传说自然不可信，古漪园实际上是明嘉靖年间（1522—1566年），河南嵩阳通判闵士籍所建，原名猗园，取《诗经》中"绿竹猗猗"之意，由竹刻家朱三松精心设计，以"十亩之园，五亩之宅"的规模营造。当时，不仅建了假山水池、亭台楼阁，还在建筑上刻画了千姿百态的竹景，显得生动典雅。清乾隆十一年（1746年）扩建重葺，更名古漪园。

全园划分为逸野堂、戏鹅池、松鹤园、青清园、鸳鸯湖、南翔壁6个景区，以绿竹依依、曲水幽静、建筑典雅、楹联诗词、花石小路等五大特色闻名。

以竹为主景是古漪园的传统特色。清代的沈元禄居士在《古漪园记》中说"据一园之形胜者，莫如山"。山，指园内竹枝山。绿竹青山，体现了《诗经》"绿竹猗猗"的意境。古漪园遍布竹林，竹林中点缀着楼阁亭台，全园一片苍翠。除在老区的屋前宅后、路边墙下等栽植竹子外，近年，还在东边扩地三十余亩新辟竹园，名为"青清园"，成为园中之园。古漪园不仅竹子数量多，种类也很丰富，明代建园时就有方竹、紫竹、佛肚竹等，后来又增加了小琴丝竹、凤尾竹、孝顺竹、哺鸡竹、龟甲竹、罗汉竹等多种竹子，粗细不同，姿势有别，创造了多种多样的竹林景色，营造了古漪园自然、宁静、幽美的空间，使古漪园的园名与园景相统一。

逸野堂景区的核心建筑逸野堂建于明代，已有四百多年历史，原是园中主厅，是园主招待宾客和休息的地方，因以楠木为柱，称“楠木厅”，又因四面道路相通，登堂可览全园的景观，俗称“四面厅”。清代沈元禄居士在《古漪园记》中说“奠一园之体势者，莫如堂”。以逸野堂为中心，周边建有曲廊、幽赏亭、鸢飞鱼跃轩、小松冈、五老峰等各类建筑，栽植有古盘槐、桂花林，花季到来时，香气馥郁。

戏鹅池景区是园中景点最多的区域。以水为中心，环湖漫步，分别可看到白鹤亭、不系舟、浮筠阁、竹枝山和缺角亭，是猗园老区之一。戏鹅池得名，是因为池内有白鹅成群，嬉水游弋引颈高鸣。立岸观赏，绿水白鹅，静中有动，情趣非凡。

白鹤亭是为了纪念“白鹤南翔”的传说而建，顶端白鹤展翅欲飞，是园中最古老名胜建筑之一。这栋建筑因为传说，成为古漪园的点睛景观，也是游人游览古漪园的必看景点。

其实还有另一则古漪园的传说同样生动有趣。据说，叶锦的古漪园被地方人士募捐收购后，作为城隍灵苑，成为祭祀议事的公共场所。一时远近香客、游人络绎不绝，商贩云集。清同治十年，有一位叫黄明贤的年轻人，每天挎着竹篮在灵苑内叫卖大肉馒头。生意红火，其他商户纷纷效仿。为了赢得竞争，黄明贤把馒头做得“重馅薄皮、以大改小”，成为独家美味。黄明贤的“古漪园小笼馒头”出名后，在上海城隍庙和西藏路上开设了分店，逐渐成为上海的著名小吃。当然这也只是传说，南翔小笼馒头来源据说有好几种说法，究竟如何起源，有待美食家去考证。但是，今天上海城隍庙的南翔小笼馒头的确名不虚传。

古代园林多有石舫、石舟，往往寄托了园主的另一种归隐情怀。古漪园的“不系舟”也有此意，此舟在戏鹅池岸边，建于明代，明代书法家祝枝山曾有过题额。因为石舟无缆可系，故名“不系舟”。园主所以建造“不系舟”，据说就是受了前朝文人白居易、李白的影响。白居易有诗“岂无平生志，拘牵不自由，一朝归渭上，泛如不系舟”，李白也曾叹道“人生在世不称意，明朝散发弄扁舟”，反映了消极避世的思想情绪。

古漪园还有一处独一无二的建筑，名叫缺角亭，据说与现代史有关。1937 年 7 月 7 日卢沟桥事变后，全国掀起了抗日救亡运动，嘉定、南翔的各界人士也积极参与了这项运动，朱寿朋、陈少芸等 60 位爱国人士集资六千大洋在古漪园修建了这座亭子，坐落在假山上，有四个檐角，三个角是三个铁铸的紧握着的拳头，象征着要团结起来抗日，其中东北方向的一个檐角有意只留半截，没有拳头，象征东北沦陷。缺角亭意思在告诫后人，不能忘记国耻，要奋发图强。

古漪园里的许多建筑都有传奇故事，它们与古漪园的园景一样，永远散发着迷人的魅力，吸引着四面八方的游人来品味。

豫 园

古代为官者，凡是官场不得志的，往往有隐退山林的想法，他们把这样的想法付之于行动上，就是建造园林，以便不出都市，也能享受到山林野趣，以寄托情怀，上海的豫园就是这样一座私家园林。

豫园的最初主人是刑部尚书潘恩的儿子潘允端，他出身进士，曾当过四川右布政使，后来遭人排挤，万历五年（1577 年），解职回乡，在家乡营建私家园林。潘允端出生于仕宦家庭，熟读诗书，能文善画，对建造园林十分讲究。按他的意愿，园越辟越大，池越凿越广。竣工后，总面积达到 70 余亩。全园布满了亭台楼阁、假山池沼和古木花草。据潘允端在《豫园记》中解释：“豫”有“平安”“安泰”之意，取名“豫园”，含“愉悦双亲，颐养天年”之意。可见，潘允端建园目的是想让父母在园中安度晚年，但因时日久拖，他的父亲潘恩在园刚建成时便亡故，豫园实际成为潘允端自己退隐享乐之所。

当年的豫园是著名的江南园林，那时正值明末清初，文人雅士建园成风，文人王世贞在家乡太仓也建了一座著名的园林，两园一东一西，恰好潘、王二人交情也深厚，时人便把两座园林相提并论，称两园“百里相望，为东南名园之冠”，王世贞还多次游览豫园，并作诗文记述。可惜后来潘允端家道衰落，豫园开始易主荒废。至清末，1853 年上海小刀会起义时，豫园点春堂曾成为起义军的城北指挥部，现堂内陈列着当年小刀会的武器、自铸的钱币，以及发布的文告等文物。小刀会起义失败后，豫园遭到了严重破坏，这是豫园历史上最为严重的损失。

豫园虽然历经数百年风雨，但当年的格局基本维持，新中国成立后，人民政府对豫园进行了大规模维修，用围墙把豫园分为内园和外园，景点大部分被恢复。如今，园内的三穗堂、晴雪堂、大假山、玉玲珑，墙外的荷花池、湖心亭、绿波廊、鹤闲亭（现为湖滨点心店）、濠乐舫（南翔馒头店）、春风松月楼等建筑都是当年的景点。人们通过这些遗迹，可以想象古豫园昔日的荣华。

三穗堂是清乾隆二十五年（1760 年）改建西园时所建，是园中的主要建筑之一，高大宽敞，位于现在豫园门口。“三穗”出典于《后汉书》中“梁上三穗”的故事，含有丰收、吉祥的意思。厅堂高悬“城市山林”“灵石经始”“三穗堂”三块匾额，下面镜框中是现代书法家潘伯鹰书写的潘允端《豫园记》。这里曾是官府庆典和“宣讲圣谕”之处，也是豆米业公所议事、定标准斛的处所，也称“较斛厅”，还是沪上文人士绅聚会活动的场所。

古代园林大多以名石假山装点景观，有身份的园主往往请叠石名家造山。潘允端聘请了当时的园艺名家张南阳为他设计布局和叠石造山，如今豫园中的大假山即为当年的遗物，也是张南阳唯一存世的作品。大假山是豫园的精华之一，是江南地区现存最古老、最精美、最大的黄石假山。此山以数千吨浙江武康黄石建成，山高约 12 米，悬崖峭壁，洞壑幽深，迂回曲折，气势磅礴。据说站在大假山山顶的望江亭，过去可远眺黄浦江，清末民初，每年重阳节，大假山是登高望远的佳处。潘允端在《豫园记》中评价大假山“峻颇惬观赏”。当代古园林专家陈从周教授对大假山堆叠艺术也是大加赞赏，他说：“假山雄健，复有三绝之胜：石壁、飞梁、平桥。”

玉玲珑是豫园的名石，为宋代花石纲遗物，它的主要特点是透、漏。据说，以一炉香置于石底，孔孔出烟，以一盂水灌顶，孔孔流泉。潘允端十分喜爱这块石头，曾将石头取名为“玉华”，意思是石中精华。还专门在旁边造了一座书斋来欣赏它，因石而命名玉华堂。玉玲珑与苏州留园的瑞云峰、杭州花圃的皱云峰，并列为江南三大奇石。王世贞游园后，曾吟诗赞道：“压尽千峰耸碧空，佳名谁并玉玲珑。梵音阁下眠三日，要看缭天吐白虹。”

关于玉玲珑的命运还有一段传奇。传说，玉玲珑作为花石纲遗物流散在民间，到了明代，玉玲珑归于上海浦东三林塘储昱的南园中。储昱的女儿嫁给潘允端的弟弟潘允亮时，玉玲珑作为陪嫁随运。建造豫园时，潘家把玉玲珑移来豫园。据传，玉玲珑从三林塘移往豫园渡黄浦江时，江面突然起风，“舟石俱沉”，潘家花了许多银子才请人打捞上岸，由于石头太沉，潘家打开城墙，才运到豫园。同时又捞起另一块石头，那就是现在玉玲珑的底座。打开的城墙修好后，就叫小南门。玉玲珑如今亭亭玉立于豫园内的花墙边，成了豫园的镇园之宝。

据说潘允端在园子造好后，不再进取，他常在园中设宴演戏、相面算命、玩蟋蟀、买卖古玩字画等，极尽享乐，那时候，三教九流频繁出入豫园。如此挥霍无度，到后来，只能靠变卖田产、古董字画维持开支。今天的豫园中有一座古戏台，建于光绪年间，20 世纪八十年代修复，7 米见方，柱高 2 米，左右两边有栏杆，台正面有逼真的木雕图案，当时称为“江南第一古戏台”。虽然这座戏台不是当年潘允端看戏时的古戏台，但能让人勾起对潘允端当年奢靡生活的浮想。

蠡　园

在江南园林中，无锡蠡园是年轻的园林，历史不足百年，但是与它相关的传说却有两千多年历史，私家园林的传说故事，大概没有比蠡园更古老、更优美的了。

相传，在两千多年前的春秋战国时期，辅佐越王勾践卧薪尝胆，图强雪耻，逼迫吴王自杀，从而战胜吴国的范蠡，在功成名就之时，急流勇退。七月初七这一天，携美女西施泛舟归隐于五里湖西施庄，在这里过起逍遥无忧的世外桃源般日子，从此五里湖的湖光山色间，就流传下了一桩千古佳话。因为范蠡与西施经常泛舟湖上，故名蠡湖。蠡园因地处蠡湖之滨而得名。如果没有范蠡、西施的传说，那么蠡园的色彩会黯淡许多。而有了范蠡、西施的传说，此地的山水田园似乎都与他俩有了割不断的联系，从此也倍加美丽。百姓口中至今还流传着这样两句民谣："种竹养鱼千倍利，感谢西施和范蠡。"正因为范蠡和西施的故事感动了许多人，1927 年，王禹卿"慨慕范大夫蠡之为人"而兴建蠡园。后来又几经扩建，1996 年，又以范蠡西施为题，布置了"吴越争霸、西施浣纱、小榭沉鱼、范蠡制陶"等小景，蠡园渐成今天的规模。

早在民国初年，蠡园就建有简朴的南堤春晓、曲渊观鱼等景点，号称"青祁八景"。经过多年来的扩建和发展，如今蠡园全园有假山耸翠、南堤春晓、长廊揽胜、层波叠影等几大景区。蠡园的最大特色是借用绵延广阔的自然山水营造与自然和谐交融的园林风景，既有江南私家园林的古朴、典雅和秀丽，也有山水风景园的天然、开朗和大气。当代大文豪郭沫若曾有诗句赞叹蠡园："欲识蠡园趣，崖头问少年。"

百花山房为进园第一景，这里有湖石、假山、修竹、土岗，自成一坞。坞内的五间小房就是百花山房，此房前后均有落地长窗，配以各种花纹雕刻，室内陈设古式家具，回廊中的墙上装饰着以西施故事为线索的彩绘壁画，周围种植芭蕉、棕榈等多种树草花卉植物。每年春季，海棠纷呈，夏季，荷花飘香。百花山房里有楹联一副，是对这里景色的最好概括：“剪月裁云好花四季，穿林叠石流水一滲。”

渔庄坐落在四面环水的小岛上。“渔庄”二字就刻在一处影壁上，这件砖刻原是“渔庄”的门额，渔庄和蠡园合并时，移到了蠡园。岛上有座八角形的涵虚亭，掩映在柳荫之中，非常美丽。相传当年吴王寿梦的长孙公子光宴请他的堂兄弟吴王僚，公子光的门客、勇士专诸以厨师的身份，来到吴王僚的食案前献上烤鱼。吴王僚不知是计，就放心地俯身准备吃鱼。突然，专诸从鱼腹中拔出预先藏在里面的青铜剑，刺破吴王僚身上的三层坚甲，吴王僚顿时被刺身亡。当然，专诸也被吴王僚的部属乱刀杀死。公子光随即指挥预先埋伏的武士冲出密室，杀尽吴王僚的亲信部属，自立为王，他就是夫差的父亲吴王阖闾。相传勇士专诸学习烤鱼技术的地方，就在这“渔庄”。专诸刺吴王的故事在无锡一带家喻户晓，如今城内外还有“专诸塔”和“专诸墓”等古迹。京戏《鱼肠剑》讲的也是这个故事。

无锡园林山水历来有“四真四假”之说，鼋头渚真山真水，寄畅园假山假水，锡惠园真山假水，而蠡园是假山真水。蠡园的假山与其他园林不同，临水而叠，因水而活，尽显山水交融的“假山真水”的无限情趣，这是其他园林不具备的。假山原是老渔庄的主景之一，当年渔庄的园主，为了胜过原有的蠡园，特意用太湖石堆叠了一个耳朵状的“洗耳泉”，中间的泉眼好像人的耳孔，别具一格。那时的渔庄是名副其实的“赛蠡园”。渔庄与蠡园合并后，假山耸翠成了蠡园的著名景观，用湖石叠成的云字假山群，掩映在古木深处，群峰林立，幽谷深邃。假山都以云字命名，有云窝、云脚、穿云、朵云等。归云洞为假山群中最高的山峰，高 12 米，周边的小溪、小亭、小桥等景观设置有会稽兰亭的趣味，所以在假山石壁上刻写了王羲之《兰亭序》中的名句“此地有崇山峻岭、茂林修竹，又有清流急湍，映带左右”，使假山增加了文化氛围。

春秋阁是层波叠影景区的核心，它是临水而建的二层阁楼，得名于范蠡、西施泛舟蠡湖的传说。“春秋阁”三个字的匾额由艺术大师刘海粟题写。二楼墙壁上镶嵌了大型漆艺壁画《西施的传说》，以长卷形式反映西施多姿多彩的一生。春秋阁边的水池里有西施的雕塑，亭亭玉立于睡莲丛中，为蠡园的景观增加了一道美丽的风景线。

近年来，蠡园又利用碑刻、戏台、乌篷船、表演厅、多媒体影像等多种形式，通过各种道具和活动，让游客在观景的同时，增加了身临其境的感受，蠡园也愈发显示了多姿多彩的魅力。

寄畅园

私家园林的主人无不希望自己的园林能够万世永存，可事实上，古代私家园林大多不能遂主人心愿，有些在主人在世时就已衰败易主，有的在子孙手里转手他人，从这个意义上说，无锡寄畅园是例外，建园以来历经400多年风雨，一直没有易主，不能不说是奇迹。

寄畅园最早的园主是明朝秦金，他是宋代著名文学家秦观（少游）的后裔，明代嘉靖年间，他曾先后任礼部、户部、工部、兵部等四部尚书，在无锡城内已有显赫的尚书第，他建造此园的目的是为他70岁后告老还乡、闲居养老。初建时，园景简朴而有野趣，到了明代万历年间，此园逐渐荒芜。后来，他的后代秦耀因受老师张居正案子牵连，被革职回乡。政治上的失意，导致秦耀寄情于山水之间，决心用全部精力着手改建家园，他先后花了7年时间，重新设计改造此园，设置了二十景，使旧园面貌一新。因为秦耀十分欣赏王羲之《答许椽》诗的“取欢仁智乐，寄畅山水阴；清冷涧下濑，历落松竹林”，他要自比涧濑之清白、松竹之高洁，不以处平易冷落而惧悔，故把此园改名为“寄畅园”。清代顺治年间，秦氏后裔秦德藻专门请了造园名家张南垣对寄畅园进行了进一步设计改造，使得寄畅园更美，名声也更大，四面八方的诗人墨客、社会名流到无锡，无不以游园为快，甚至在园中徘徊题咏。寄畅园后来还因园主命运有过沉浮，直到乾隆年间，才算太平。

寄畅园作为江南著名园林，深得帝王垂青，康熙、乾隆两朝帝王在位期间，分别六下江南，每次必到此园游览，极大地提高了寄畅园的声誉。康熙帝特地为寄畅园题写了“山色溪光”“松风水月”。乾隆帝为寄畅园专门写了20来首赞美的诗篇和匾联。他认为“江南诸名胜，唯惠山秦园最古”且“爱其幽致”，他评价寄畅园“清泉白石是仙境”。

由于特别钟爱寄畅园，乾隆皇帝还命宫廷画师把寄畅园秀丽景色绘成图画，带回京城，不惜耗费巨资在北京万寿山麓按照寄畅园图专门造了一个园林，取名“惠山园”，这就是颐和园的“谐趣园”。其实，圆明园内的双鹤斋、北海的静心斋也都是仿寄畅园而建的。一座私家园林能对皇家园林有如此大的影响，这在我国造园史上也是不多见的。

寄畅园造园艺术最大特点是借自然山水，营造园林风景。寄畅园西部有惠山，东南有锡山，成为园景可以借用的得天独厚的自然山水，同时在造园时，还从惠山的天下第二泉引水入园，使其具备“自然的山，精美的水，凝练的园，古拙的树，巧妙的景”，使只有15亩的园地，既古朴、幽静，也开阔、疏朗，有自然野趣，且没有拥挤之感。

由于数百年一脉相承，如今的寄畅园仍然完整地保持了古园风貌，园内有不少古建筑已有数百年历史，九狮台、嘉树堂、美人石、锦汇漪、郁盘廊、知鱼槛、七星桥、八音涧、知鱼槛等很多景点闻名于世，经久不衰。

最为引人驻足的是九狮台。九狮台其实是一座大型假山，整座假山是用太湖石层层叠加而成，据说是根据元代画家倪云林的《九狮图》叠成的，叠成后整体形状如一只俯伏在树丛的雄狮，仔细看，还可以从一块块巨石中分辨出一只只小狮子模样，姿势相貌各不相同，妙趣横生，游人来此，经常被这些石中小狮子吸引。游人还可以登上假山之巅，也就是狮首，纵览全园景致。

寄畅园的假山叠石因为出自名家之手，是寄畅园宝贵的遗产。微云堂的假山出自张南垣之手，张南垣是清代最有成就的造园叠石艺术家，他的事迹被列入《清史稿》，张南垣精湛的造园艺术以完整的实物保存在江南，现在只有寄畅园一处。

八音涧也是叠石名作，由张南垣亲手设计，并由他的侄子张鉽负责施工，张鉽是张南垣的高徒，深得张南垣真传，他在寄畅园内精心叠石，并让惠山第二泉之水弯弯曲曲流入园中，使原来无声的泉水随着流向变化，上下迂回，化为天然音响，美妙动人。八音涧全部用黄石堆砌而成，叠石手法高超，布局幽深，十分精妙。同时，八音涧充分利用树木、修林等植物，加上泉水流动，从而形成山谷幽深之美。人坐泉边，可听到假山山谷间的不同声音，所以称为八音涧。

锦汇漪位于寄畅园的中心，因为汇集了园内绚丽的锦绣景点而得名。寄畅园的景色，围绕着一泓池水而展开，伫立水池旁，观鱼的同时，也可见山、塔、亭、榭、树、花、鸟等的倒影，影随水动，绚丽多姿。池子周边，放眼四望，惠山山峰、锡山远景连成一气，增添了风景的空间，使人陡增无限遐想，这也是寄畅园借景的成功妙笔。

知鱼槛是一座方形的水榭，三面临水，槛内有吴王靠，游人至此可以倚坐吴王靠，欣赏锦汇漪中的游鱼。至于“知鱼槛”名字的由来，据《庄子·秋水》篇记载，庄子曾与惠子在濠水边观鱼，他俩有过一段有趣的对话——庄子说：“水中那从容游着的鱼，是鱼的快乐。”惠子反问：“你不是鱼，怎么知道鱼的快乐呢?”庄子反驳道：“你不是我，又怎么知道我不知道鱼的快乐呢?”这段对话很有哲学含义，被传为千古佳话，寄畅园便把这段对话故事制成清水楠木屏，悬挂在知鱼槛的粉壁上，游人至此，观鱼赏景，不免引发一阵思索。

郭 庄

西湖不仅有秀丽的湖景，周边也有著名的私家园林，郭庄就是其中最著名的一座。

郭庄原名“端友别墅”，由丝绸商人宋瑞甫建于清光绪三十三年(1907 年)。后来由于宋家家道败落，辗转为郭士林所有，增建了西洋式住宅和石舫，改名为“汾阳别墅”，郭士林自称为唐朝大将郭子仪的后裔，所以将园子改称“郭庄”。

郭庄濒临西湖，构筑亭台水榭、假山池沼，形成了一座精巧玲珑、环境优雅的近代私家园林，被童寯《江南园林志》评为“环水为榭，雅洁有似吴门之网师，为武林池馆中最富古趣者”，当代园林专家陈从周先生称其为西湖第一名园，赞誉它是“西湖的背影”。

庄园占地 9788 平方米，水面占三分之一，建筑总面积六分之一，分“静心居”“一镜天开”两景区，布局典雅，别具情趣，是典型的前宅后园格局。

静心居是当年主人居家会客处。宅前是一石板砌成的方形荷池，涓涓细流不断。室内陈设精致典雅，古色古香，门前有两株百年以上的老樟树，砖雕石库门楼与粉墙黛瓦相互映衬，古色古香，清新秀雅。“香雪分春”为静心居的主厅，此厅加上两边厢房，构成一座封闭型的四合院。香雪分春室内陈设华丽，各种木雕、桌椅茶几均为紫檀木制成，十分名贵。厅中有一副对联，很形象地概括了静心居周边的景观："红杏领春风，愿不速客来醉千日；绿杨足烟水，在小新春堤上第三桥。"

一镜天开为花园部分，是以水为主题的精致花园，也是郭庄特色集中体现的部分。这里曲廊环绕、小桥流水、假山叠石、花木簇拥。沿池有"香雪分春""乘风邀月""两宜轩""赏心悦目""景苏阁""如沐春风"等景点。

景苏阁，顾名思义表达了主人对苏东坡的景仰之情，它是"一镜天开"部分的主体建筑，为二层楼建筑，原是绣楼，面对苏堤的压堤桥，背后有宁静雅致的花园，楼下是下棋、弹琴的场所，楼上置文房四宝，是主人吟诗作画的地方，这里弥漫着浓重的书卷气。"景苏阁"的匾额由我国当代杰出的数学家苏步青题写，寓意"可借苏堤之景入园"。"借景"是我国古典园林造景手法之一。景苏阁的月洞门正对压堤桥之桥洞，两洞遥遥相对，恰好在一条轴线上，好像苏堤也成了郭庄之一部分。这一"借景"，堪称江南园林的巅峰之作。由月洞门远望，可观西湖荷花，也可见葛岭山影，令人心旷神怡。跨出月洞门，是一旧船坞，旧时，主人从这里引人下船，去畅游西湖美景。

赏心悦目亭位于花园内的石桥上，该亭濒临西湖里的太湖石山峰之巅。此亭也是借景的佳作，亭下圆洞门内，是一道闸门连通西湖，园中的池水全向西湖借来。游人伫立亭中，向前，可以一览园外西湖胜景，向后可以观赏园内早春画卷，春风徐来，湖山画境，诗情画意，令人心旷神怡。陈从周先生在此有感而发，立下了一段碑文：“园外有湖，湖外有堤，堤外有山，山上有塔，西湖之胜得之。”

郭庄雅洁有致，构思精巧，风景秀丽，不愧为西湖边上的一颗璀璨明珠。正如陈从周先生《西湖郭庄闲眺》所赞，“苏堤如带水溶溶，小阁临流照影空。仿佛曲终人不见，阑干闲了柳丝风。”

小 莲 庄

在古镇南浔，有五处著名的私家园林，号称南浔五大名园，小莲庄属于其中之一。小莲庄为晚清南浔镇上四大巨富之首的刘镛所建的私家花园，始建于清光绪十一年（1885 年），后经刘家祖孙三代 40 年的经营，由刘镛的长孙刘承干于 1924 年建成。占地 27 亩，因仰慕元末湖州籍大书画家赵孟颖所建莲花庄之名，故称小莲庄。

因为刘墉在庄园始建四年即去世，小莲庄实际上主要是由刘墉的次子刘锦藻建造的。刘锦藻中过进士，官至工部郎中，由于他淡于功名，后来辞官回南浔一心建园。他爱好山水园林，遍游天下名胜，所建庄园有浓厚的人文气息。尤其是刘锦藻的儿子，也就是刘墉的孙子刘承干酷爱古书字画，他收购古籍善本，大量藏书，庄园传到他手里后，进一步增加了诗情画意，他还在小莲庄附近建了著名的藏书楼——嘉业堂藏书楼。

小莲庄由家庙区和花园区两部分组成，花园区又分为内园和外园两部分。

家庙是小莲庄的主要建筑群，始建于 1888 年，于 1897 年落成，为刘氏家族祭祀祖先的地方。家庙坐北朝南，从南至北依次为照壁、石牌坊、门厅、过厅、正厅和馨德堂等。家庙正厅悬挂着宣统皇帝溥仪御赐的“承先睦族”

九龙金匾一块，宣示着刘家的荣耀，使家庙庄严肃穆。馨德堂在正厅的北侧，该堂为楼厅建筑，楼高两层，楼上四周有宽大的周转廊，故俗称“走马楼”。馨德堂装饰十分讲究，门窗等都用硬木雕出钟、鼎、钱币等纹饰，四周用瓦片卵石铺成各式图案的地面。后院树木参天，湖石叠峰，清静幽雅。家庙的西侧就是著名的嘉业堂藏书楼，因为刘承干曾捐钱为皇陵植树，得到溥仪奖赏，溥仪特题了一块金匾“钦若嘉业”，悬挂在藏书楼上，极大地提高了藏书楼的声誉。

内园是一座园中园，处于外园的东南角，以太湖石堆叠的假山为主体。仿唐代诗人杜牧《山行》之意，凿池栽树，叠石成山。山道弯弯，东边栽青松，西边栽红枫，每当秋日，山石小径，枫叶染血，的确有“停车坐爱枫林晚、霜叶红于二月花”的诗意。内园与外园以粉墙相隔，又以漏窗相通，似隔非隔，内外园山色湖光，相映成趣。

外园以荷池为中心，沿池点缀亭台楼阁，移步换景，处处引人入胜。

池南岸的主体建筑是退修小榭，临池而建，设计精巧，是江南水榭建筑的精品。此榭的溪曲廊连着“养新德斋”，是主人的书房，因院内多植芭蕉，故又名“芭蕉厅”。池北岸为鹧鸪溪，堤岸上建有六角亭。堤东端有西式牌坊一座，门额上的“小莲庄”三字为著名学者郑孝胥所书。池东岸原建有“七十二鸳鸯楼”，抗战时被毁，只留下百年紫藤，枝叶茂密，攀延到五曲桥顶上，每到花季，这里成为一景。

池西岸是著名的碑刻长廊，嵌刻有《紫藤花馆藏帖》和《梅花仙馆藏真》刻石 45 方，故名“碑刻长廊”。《紫藤花馆藏帖》共四卷，内容是清代翰林院待诏徐达源与 20 多位文人往来互赠的诗文，其中有清初诗人袁枚的手迹。《梅花仙馆藏真》石刻有 14 方，是湖州文人史可均依照《史记》所记载的秦琅琊台篆书石刻全文，仿照旧拓残片墨迹所书写，刻石书法真、草、隶、篆各体皆备，刻工精妙，字体遒劲，文采飞扬，是史料价值和艺术价值兼备的珍品。

小莲庄以“园中园”闻名，内园与外园分中有合，错落交融，妙趣天成，虽然历史不长，仍不失为我国古典园林的一处佳作。

嘉业堂藏书楼

江浙一带历来多文人雅士、富商巨贾，其中爱书藏书者不乏其人，所以私家藏书楼也比较多，在全国现存的藏书楼中，浙江占了近八成，嘉业堂藏书楼就是保存较好、以收藏古籍闻名的近代著名私家藏书楼之一。

嘉业堂藏书楼位于湖州南浔镇，与小莲庄毗邻，始建于1920年，其主人系刘镛的孙子、号称“江浙巨富”的刘承干，他也是小莲庄的第三代主人。此楼因末代皇帝溥仪所赠“钦若嘉业”九龙金匾而得“嘉业堂藏书楼”之名。该楼规模宏大，藏书丰富，整座建筑总体设计为园林式布局，寓肃穆的书楼于幽雅的园林之中，书楼与园林合为一体。由于此楼的主人新中国成立后将藏书楼捐赠给了浙江图书馆，现在的嘉业堂藏书楼正以公共图书馆和旅游景点的双重身份接待来自五湖四海的读者和游客。

嘉业堂藏书楼有小桥与小莲庄相连，藏书楼掩映在花园中，楼外有园，园中有池。园内古木参天，浓荫蔽日，夏日，池中绿荷亭亭，红莲怒放。花园里有亭三座，曰“明瑟”“漳红”“沉碧”，三亭呈鼎足之势，形成一池三亭的格局。园内还有三座巨大的太湖石假山，玲珑剔透，十分珍贵。最奇的是花园内竖立一块石头，石身有小孔，人嘴对空吹气，会发出一种巨响，极似虎啸，几可乱真，石上有清代大学者阮元题的“啸石”两个朱字，游人到此，都想用嘴巴试试。

藏书楼是一座中式建筑，两层楼阁，平面成回字形，中有天井，一楼正厅为嘉业厅，二楼正厅为希古楼，上下两层的两侧专门设置有宋四史斋、诗萃室、求恕斋、黎光阁，其余各室也均为藏书之用，整幢楼共计52间。宋四史斋以前珍藏着宋版本木《史记》《前汉书》《后汉书》《三国志》四部史书，诗萃室存放古本诗词，希古楼存放经部古籍，黎光阁存珍本《四库全书》1954册，求恕斋原存放史部古籍。藏书楼设计极为讲究，天井的地面上平铺方砖，不生杂草，为夏季晾晒图书之用。尤其是藏书楼对防火、防潮、通风等要求十分严格，周密设计，精心构筑。四周河水围绕，利于消防；一楼房间皆用专窑烧制的青砖铺地，青砖下铺垫专烧反钵，钵下再铺细沙，青砖离地一尺多高，加上层层阻隔，地下潮气难以上升；一楼底层高4～5米，既通风又隔热。珍藏的各善本书盛于木匣中，匣内复衬木板，也是防潮的有力措施。

嘉业堂藏书楼的藏书数量及其来源，历来说法不一。据刘承干嫡长子刘诉万先生说，藏书楼鼎盛时期的藏书为五十几万卷，号称六十万卷，共十六七万册。包括《永乐大典》珍贵孤本四十二巨册；《四库全书》（翁覃溪手纂）原稿一百五十册。藏书数量之巨，质量之精，使不少藏书家难以望其项背。刘承干还聘人专门外出到全国一些藏书楼去抄书。最著名的是《清实录》和《清史列传》两部书的底稿，均在北京国史馆内，社会上已经绝迹，他竟出资二三万银元派专人花数年时间，把这两部书全部抄回来，其嗜书可见一斑。

不仅藏书，刘承干还聘请专家刻印书，用的是红梨木雕版，共有三四万块。他对刻书、校书非常严肃认真，每刻一书必请名家鉴定，当时的著名文人学者如王国维、吴昌硕、郑孝胥、张元济、罗振玉、叶昌炽等都为他刻书做出过贡献。印书的印刷铺则在南京、北京、扬州、武昌等城市都有。所以嘉业堂刻印的书质量都是上品，深受国内外人士的赞赏。鲁迅曾在给友人的信中称刘承干“还不是毫无益处的人物”，并风趣地称他是“傻公子”。

刘承干为建藏书楼花了12万银元，购买书籍花了30余万银元，刻书印书20余万银元，加上聘请人员编书、校订、抄书、鉴定等约花10

万银元，总共花的银元达 80 万，可以说是耗资巨大；而且刘承干为了藏书可以说是耗费了很多心血。那么，刘承干为何不惜巨资建藏书楼，又耗费十多年心血大量藏书呢？这与他的出身与爱好有极大关系。

刘承干是清末秀才，他的父亲是光绪年进士，精通文史，刘承干从小受到诗文辞赋的熏陶，成人后，又与著名考古学者王国维、罗振玉、版本目录学家叶德辉、缪荃孙等相交往，养成了赏鉴古籍的爱好，有意承袭父辈的爱书藏书遗志。刘承干在祖父刘墉死后，继承了大笔遗产，一夜暴富，凭着雄厚的资财，他开始收集书籍。由于有钱，又嗜书如命，他在收书时肯出高价，“凡书商挟书往者，不愿令其失望，凡己所未备之书，不论新旧皆购之”，书商闻风不远千里而来，不到几年时间，他就花了将近 30 万元的巨资，先后收购了甬东卢氏“抱经楼”、独山莫氏“影山草堂”、仁和朱氏“结一庐”、丰顺丁氏“持静斋”、太仓缪氏“东仓书库”等十数家的藏书。刘承干的藏书几乎囊括了北京、扬州、苏州、杭州等地藏书家的精华。于是，他在 1920 年于南浔故居小莲庄的西侧，建造了这座藏书楼，收藏所藏书籍。他后来在自己撰写的《嘉业堂藏书楼记》里专门记述了这段历史。

可惜，嘉业堂藏书楼全盛时期只有 10 年左右。抗日战争前，刘氏家道逐渐中落，加上他是富家公子，靠继承遗产致富，只会花钱，不会赚钱，又不善经营。因此，从 1933 年起，刘承干就大量变卖书籍，部分珍贵书籍竟“自我得之，自我失之”，先后卖掉数十万册藏书。至新中国成立前夕，藏书仅存10万册左右。1949年当解放大军南下时，周恩来总理电令陈毅派兵保护嘉业堂藏书楼，在一个连的战士保卫下，这栋楼连同所珍藏的古迹才得以幸存。很有意思的是，倘若不是刘承干自己变卖，嘉业堂藏书楼几乎没有遭过大的劫难，尤其是居然躲过了日寇侵华、十年“文革”，保存了下来，不能不说是奇迹。关于这两次劫难有多种传说，有人专门在探索研究，总而言之，嘉业堂是幸运的，它保留了一份珍贵的遗产。今天来南浔镇的人也是幸运的，在欣赏园林风景之余，能够一睹这座著名藏书楼的风采。

嘉兴烟雨楼

嘉兴烟雨楼的扬名，与明末清初的散文家张岱分不开。张岱在《陶庵梦忆》里有一篇专门描写烟雨楼的散文，不足两百字，把烟雨楼的风景和人情生动形象地表达了出来，仿佛一幅烟雨楼的画卷。张岱年轻时生活奢华，喜欢游历，到过很多地方，江浙一带更是他经常盘桓的地方，苏杭之地到处留有他的足迹，自然注意到烟雨楼。他写烟雨楼的确切时间没有记载，大约在50岁前后，此时，他已经是半百老人，经历过太多世事沧桑，对一切都淡泊从容，描写烟雨楼也就恬淡自然，客观生动。

烟雨楼正楼始建于五代后晋年间（936—947年），当初位于南湖之滨，并不叫烟雨楼，却是观赏湖光山色的好去处，后损毁，遗址现无存。明嘉靖二十七年（1548年）嘉兴知府赵瀛疏浚河道，所挖河泥填入湖中，遂成湖心小岛。第二年仿原先的“烟雨楼”旧貌，将楼建于岛上，从此，楼在湖中，成为湖中一景。后来又经过扩建、重建，逐渐成为具有显著园林特色的江南名楼。据说烟雨楼正楼的楼名来自唐朝诗人杜牧“南朝四百八十寺，多少楼台烟雨中”的诗句。乾隆六下江南，八次登烟雨楼，先后赋诗20余首，盛赞烟雨楼图。乾隆还曾亲画烟雨楼图，刻石存放于楼中，并照此楼的样式在热河承德避暑山庄的青莲岛上仿建一所楼阁，也取名烟雨楼。如今，嘉兴烟雨楼正楼二层中间还悬挂着乾隆御书“烟雨楼”的匾额。

南湖共有两个小岛，烟雨楼就是其中湖心岛上的主要建筑，原先是指烟雨正楼，现在已作为岛上整个园林的泛称。主要包括烟雨楼正楼、御碑亭、宝梅亭、来许亭、鉴亭、“虎豹狮象”假山、荷花池、钓鳌矶等，这些建筑和小品聚拢在湖心岛上，周围湖水环绕，中间碧瓦红墙，绿树红花，错落有序。而登临烟雨楼观南湖景致，已成南湖观光的重要内容。夏日倚栏远眺，湖中有“接天莲叶无穷碧”的气势，春天登烟雨楼，可见细雨霏霏，湖天一色，四时之景不同，却都在诗情画意中。

烟雨楼正楼高大壮观，为两层楼阁式建筑，东西两侧有两棵银杏树，是明嘉靖年间重建烟雨楼时种植的，已有450年历史，成为烟雨楼的见证。正楼与周边建筑层次分明，在古树名木陪衬下，使湖心岛极具江南园林之美。

来许亭建于清代同治年间，这座看上去不起眼的建筑，由来却有一段传奇故事，颇值得回味。相传建亭者对当时的嘉兴知府许瑶光很敬仰，在许瑶光进京面圣后，盼望许瑶光能再来嘉兴做知府，让人惊喜的是，后来许瑶光真的回到嘉兴做知府了。

烟雨楼保存的历代碑刻、文物甚多，著名的有苏轼“马券帖”石刻，南宋岳飞之孙岳珂的“洗鹤石池”以及从古北口运来的“硅化木”，元代大画家吴镇的“风竹图”刻石，明代大书画家董其昌所书“鱼乐国”碑，清乾隆御诗碑，清末彭玉麟的“梅花”碑刻等。在众多碑刻中，最有嘉兴地方历史意义的是一块“钓鳌矶”的石额。石刻字体雄强有力，系明万历十年（1582年）嘉兴知府龚勉所题，表达的是多出人才，独占鳌头的意思。相传在刻石的第二年，秀水县举人朱国祚中了状元。此后，康熙、乾隆年间，又有两人分别登科。这样一来，自筑建钓鳌矶后，嘉兴一共中了三名状元，于是烟雨楼便成了嘉兴人心目中“有关一郡文风”的象征了。

烟雨楼除了有厚重的历史，还有红色的经历，湖心岛东南岸，停泊着一只中型游舫，按当年中共“一大”开会的游舫重建，如今这只游船静静地停泊在湖边，似乎在唤起人们对它的红色记忆。烟雨楼正楼就悬挂着董必武所书的楹联：“烟雨楼台，革命萌生，此间曾着星星火；

风云世界，逢春蛰起，到处皆闻殷殷雷。”1985 年 6 月 30 日，嘉兴市人民政府还将董必武 1964 年来南湖时为南湖革命纪念馆所题的诗句刻成碑，并建亭于纪念船旁，立碑于亭中。翌年 4 月，杨尚昆为之题额“访踪亭”。

登烟雨楼不仅能望尽南湖景色，也能追寻烟雨楼久远的历史，更能接受革命传统的教育。

兰 亭

王羲之的《兰亭序》被称为“天下第一行书”，也是王羲之书法的代表作。这部书法作品流落何处，已成千古之谜，有的说被埋在陕西的乾陵地宫，也有的说是在唐太宗墓里，长期以来众说纷纭。可是这部作品产生于“兰亭”却是不争的事实。兰亭就在浙江绍兴的兰渚山下。原是汉朝设置的驿亭，因山而得名，后因王羲之的书法而扬名。

关于《兰亭序》有一段非常著名的传奇故事。

东晋永和九年，农历三月初三，王羲之邀请了当时名士谢安、孙绰等人，以及亲朋子侄41人聚会于绍兴南亭，行修禊之礼。他们在酒杯里倒上酒，让它沿曲水缓缓漂流，漂到谁面前停住了，谁就要饮酒作诗，作不出的则要罚酒三觥，一觥相当于现在半斤。活动中共有11个人各作诗两首，15个人各作诗1首，16个人因没有作出诗而被罚了酒。这次聚会总共成诗37首，汇集成册，称之为《兰亭集》，大家推举主人王羲之为之作序，王羲之欣然答应，他趁着酒兴，用鼠须笔和蚕茧纸一气呵成写下了《兰亭集序》（也叫《兰亭序》）。据说王羲之是半醉半醒的状态下写就的，虽然有些字作了圈点修改，但是通篇行云流水，一气呵成。酒醒后，想要再写，可怎么也写不出当时的感觉，后来就有了“初写兰亭，恰到好处”的说法。《兰亭集序》共28行，324字，字字珠玑，相同的字写法有多种，以“之”字为例，出现

21 次，就有 21 种写法，每种写法都十分精妙。《兰亭序》面世后，立即引起轰动，书家莫不以能亲眼目睹为快事，《兰亭序》也就成了众人觊觎的稀世珍宝。王羲之后人为了宝贝不落入他人之手，一直精心保存着，可是尽管如此，《兰亭序》后来还是出了问题。

《兰亭序》在唐代时传到了王羲之的七世孙、云门寺和尚智永手里，智永死后，又传给了他的弟子辩才，辩才对《兰亭序》视若生命，为了秘藏宝贝，可以说是煞费苦心。他想了一个奇妙的办法，把它藏在寺内屋顶的横梁上，这使得别人无论如何也料想不到。据说，唐太宗李世民也爱好书法，尤爱王羲之的作品，一直为得不到《兰亭序》而遗憾，终于打听到了《兰亭序》在辩才和尚手上，于是他几次招辩才进宫，想探听虚实，可是辩才都守口如瓶，李世民无计可施。此时宰相房玄龄献计，让足智多谋的监察御史萧翼出马，要萧翼想办法得到《兰亭序》。萧翼假扮书生，带上王羲之的几幅书法，来到了云门寺（当时叫永欣寺）。萧翼先是整日与辩才谈诗论画，谈得非常投机。博得辩才的信任和好感之后，萧翼开始了他的第二步行动，故意拿出了王羲之的两幅真迹，叫辩才鉴赏，辩才说真迹是真迹，可不是王羲之的精品。萧翼见辩才已有上钩之意，故意说世上虽曾有过《兰亭序》，如今却再也见不着真迹了。辩才微微一笑说道，这倒未必。萧翼激将说《兰亭序》早就在兵荒马乱之中烧毁了，现在就是有也是假的。辩才终于沉不住气了，说王羲之的极品在他手上。终于，在萧翼的激将之下，辩才从梁上取下了《兰亭序》。萧翼一见，内心大喜过望，表面却假装不为所动。后来几天，萧翼请求辩才让他在寺内临帖几天，辩才没看出破绽，也就渐渐没了戒心。一日，辩才外出办事，萧翼见时机已到，便乘机拿走了《兰亭序》。随后萧翼以监察御史的身份召见了辩才，辩才恍然大悟，后悔不迭，但已不可挽回。萧翼回到长安，把《兰亭序》献给了李世民。李世民虽然后来给了辩才不少奖赏，但是辩才一直为此抱憾自责，悔之已晚。李世民得到《兰亭序》后，大喜过望，叫当时的大书法家们都来临摹，一时间出了很多摹本，真本留在李世民身边日日品赏。后来李世民去世，这件书法珍品居然不知去向。如今留存世上的都是摹本，以唐代书法家冯承素的摹本最为神似。后人对于“萧翼赚兰亭”中李世民夺人所好的行为颇有微词，但这一故事增加了《兰亭序》的神秘性，也使得云门寺的名声更加响亮。

实际上现在的兰亭与王羲之时代的兰亭已经不是同一座亭子，历史上兰亭几经兴废变迁，现兰亭系嘉靖年间在原址重建，基本保持了明清园林建筑的风格，集山水风光、园林景观、书坛盛名、历史文化积淀于一体，以“景幽、事雅、文妙、书绝”四大特色而享誉海内外，是著名的文化古亭，名列中国四大名亭之一。其内涵可以用“一序”“三碑”“十一景”来概括：“一序”即《兰亭序》；“三碑”即鹅池碑、兰亭碑、御碑；“十一景”即鹅池、小兰亭、曲水流觞、流觞亭、御碑亭、临池十八缸、王右军祠、书法博物馆、古驿亭、之镇、乐池。最有文化底蕴的景观当是曲水流觞，一条“之”字形的曲水，中间有一块木化石，上面刻着“曲水流觞”4 个字，模拟王羲之《兰亭集序》所描绘的景象“此地有崇山峻岭，茂林修竹，又有清流急湍，映带左右，引以为流觞曲水”。此外，兰亭还有被誉为“东南第一大碑”的“御碑”，碑阳为康熙手书《兰亭序》，碑阴为乾隆 1751 年游兰亭时所书《兰亭即事诗》手迹，这块碑为东南地区罕见的巨碑。更珍贵的是，祖孙两代皇帝手迹同碑，世所罕见。

由于《兰亭集序》的出名，千百年来，千里迢迢光顾兰亭，追怀王羲之的人络绎不绝，每年很多文人墨客都喜欢来兰亭仿效王羲之，兰亭雅集，饮酒赋诗，玩“曲水流觞”的游戏，体味当年王羲之他们相聚的情趣。兰亭已成为绍兴的名片，书法的圣地。

西泠印社

清光绪三十年（1904 年），杭州市西湖景区孤山西麓，一个很普通的学术团体诞生了，它就是西泠印社，发起创建的是丁仁、王禔、吴隐、叶铭四位年轻人。他们都是志趣相投的浙派篆刻家，他们发起创建西泠印社的目的是为了“保存金石、研究印学”。那时候，西泠印社仅仅是个学术团体，社址面积也不大，经过百年的发展，如今西林印社不仅在学术界名扬海内外，被称为“天下第一名社”，其旧址所在地也已成为闻名中外的著名文化园林。

西泠印社孤山社址在西湖之滨，东至白堤，西近西泠桥，北邻里西湖，仿佛镶嵌在西湖上的一颗文化艺术明珠，有“湖山最胜”之誉。社址依山而建，包括多处明清古建筑遗址和随处可见的摩崖题刻，社内的亭台、廊榭、楼阁等与周围环境融为一体，十分协调，人文景观与自然景致互相映衬，处处透溢出浓郁的金石艺术韵味和书卷气。主要建筑有艺术长廊、柏堂、竹阁、仰贤亭、还朴精庐、四照阁、汉三老石室、华严经塔等，均挂匾披联，名人墨迹触目可见。近年来，西泠印社后山还建有中国印学博物馆，收藏历代字画、印章多达六千余件。

汉三老石室是西泠印社最为神秘的建筑，此室虽然不大，里面的文物十分珍贵。它收藏着迄今为止浙江省最古的《汉三老讳字忌日碑》及汉魏至明清以来历代的原始石碑、石鼓 20 多件，是极为珍贵的历史文物考证资料。《汉三老讳字忌日碑》颇有一段曲折的来历。据说，清咸丰二年（1852 年），《汉三老讳字忌日碑》出土于浙江省余姚县，出土时碑额已断缺，但碑文基本完好。据考证，此碑刻于东汉建武年间（公元 52 年左右），“三老”是汉代地方官名。此碑记录了一位汉代地方官“三老”祖孙三代的名字（讳字）和祖、父辈逝世的日子（忌

日）。三老碑高 93 厘米，宽 42 厘米，碑文有 217 个字完好，字画浑厚遒劲，书体介于篆隶之间，是中国保存最早的碑刻之一。不但有重要的历史价值，而且对于古代书法篆刻的研究有很高的学术价值，被誉为“浙江第一石”。此碑出土后为余姚富绅周世熊所得。后来在战乱中，周氏家室毁于大火，此碑幸存。由于周氏家族的破落，后为丹徒陈渭亭所得，并辗转流落到上海。1921 年秋，外国人欲以重金购取“汉三老碑”并出运国外，陈渭亭心有所动。眼看国宝就要外流域外，消息传来，吴昌硕、丁辅之等人十分焦急，他们联合浙江同乡，四处奔走，发起了一场募赎“汉三老碑”的活动。为了赎回“汉三老碑”，西泠印社紧急动员，发布了募捐公告。另一方面，印社决定由吴昌硕、倪墨耕、何诗孙等各捐献书画印谱 10 件，古画 30 件，举行义卖。最后，西泠印社先贤集 60 余人之力，以 8000 银元重金将“汉三老碑”赎回。“汉三老碑”赎回后，第二年运到了杭州，但如何保存成了问题，地方当局也不管此事。为了石碑的安全，大家商量后，决定凑钱为石碑建石室，于是，在西泠印社观乐楼旁建了一座小石室，将汉三老碑，连同已经收藏的各代墓志石刻、先秦石鼓文拓片等，一并于石室永久保存。吴昌硕社长还专门写了《汉三老石室记》，记述了这件事。

华严经塔为西泠印社园林的标志性建筑。《华严经》是佛教的主要经典，筑塔藏经，一般用于广结佛缘、弘传佛教，是佛教实现其以慈悲普度众生理想的重要方式。这座玲珑精巧的石塔是西泠社友中的一位和尚于 1924 年筹建的。塔平面为八角形，共 11 级，白石砌垒，每两层雕有飞檐，檐角悬铃。塔身刻有金农所书《金刚经》、弘一法师李叔同所书《西泠华严塔写经题偈》，十分珍贵。李叔同与西泠印社有着不解之缘，他在虎跑寺出家前，他把自己的印章（其中有自刻的，有印友刻赠给他的）共93枚，送给了西泠印社，印社随即把这批印章在山麓的鸿雪径石壁上凿洞庋藏。洞口以石封固，上刻叶品三的篆书“印藏”两字。现在这批印章已经取出，珍藏于西泠印社，并曾钤拓成谱出版。

与其他私家园林不同的是，西泠印社是学术团体活动的场所，无数艺术大家、文化名人与其结下不解之缘。1913年，近代艺坛巨擘吴昌硕任首任社长，盛名之下，精英云集，李叔同、黄宾虹、马一浮、丰子恺等均为西泠印社社员，杨守敬、盛宣怀、康有为等为赞助社员。入社者均为精擅篆刻、书画、鉴藏、考古、文史等的大家。此后20余年，西泠印社迅速发展，声望日隆，逐步确立了海内金石书画重镇的地位，影响波及日本、韩国。继吴昌硕之后，西泠印社历任社长为马衡、张宗祥、沙孟海、赵朴初、启功，他们均为艺术造诣很高的大师，对西泠印社的发展都做出了巨大贡献。如今的西泠印社社员已达数百人，分布于国内近30个省（市）自治区，以及香港、澳门特别行政区、台湾地区和日本、韩国、新加坡、马来西亚、法国、捷克、加拿大等国家。

今天的西泠印社继续秉承“保存金石、研究印学”宗旨，且“兼及书画”，融诗书画印于一体，不仅在国内，而且在国际印学界都享有崇高的地位。2009年，由西泠印社领衔申报的“中国篆刻艺术”成功入选联合国教科文组织“人类非物质文化遗产代表作”，进一步确立了西泠印社的地位。

沈　园

一座私家园林与才华横溢的陆游如此紧密相连，这在中国园林史上、文学史上都是绝无仅有，这便是绍兴的沈园。

实际上在陆游与唐琬的故事之前，沈园已经是当时绍兴的名园。据记载，沈园建于北宋初年，园主是姓沈的绅士，所以称为沈园。那时园内建有楼台亭阁，假山池塘，环境优美，文人墨客常来此游览聚会，赋诗作画。不过，沈园真正闻名于世，还是从陆游与唐琬的爱情悲剧开始，自从有了陆游和唐琬的爱情悲剧，沈园变得家喻户晓，闻名遐迩，此后，历代文人雅士只要到绍兴，无不要游览沈园，无不为陆游和唐琬的爱情慨叹。

陆游20岁时与表妹唐琬结婚，陆游英俊豪放，才华过人，唐琬才貌双全，通晓诗词，夫妻感情深厚，但陆母不喜欢唐琬，逼迫陆游休妻，陆游屈服于礼教，不敢违抗母命，只得与唐琬分离。此后，陆、唐两人只得含泪分别，各自娶嫁，互相隔绝，但是两人一直相互思念，牵肠挂肚。

南宋绍兴二十一年春天，陆游与唐琬在沈园游春时，不期而遇，当时，陆游已另娶四川王氏为妻，而唐琬也改嫁了绍兴名士赵士程。两人相遇时，心潮澎湃，唐琬对陆游非常殷勤，派人给陆游送去了酒菜。陆游忆起往事，感慨万千，即兴在沈园的墙壁上题写了《钗头凤》词："红酥手，黄縢酒，满城春色宫墙柳。东风恶，欢情薄，一怀愁绪，几年离索，错、错、错。春如旧，人空瘦，泪痕红邑鲛绡透。桃花落，闲池阁，山盟虽在，锦书难托，莫、莫、莫。"唐琬看了这首词之后伤感不已，不久也和了一首《钗头凤》："世情薄，人情恶，雨送黄昏花易落。晓风干，泪痕残，欲笺心事，独语斜阑，难、难、难。人成各，今非昨，病魂常似秋千索。角声寒，夜阑珊，怕人询问，咽泪装欢，瞒、瞒、瞒。”沈园相遇后，两人倍加思念，此后，唐琬郁郁寡欢，未过几年即辞世。唐琬的死给了陆游沉重打击，使他终身难以释情。40 年后，67 岁的陆游重游沈园，见题诗居然还在，而唐琬早已离世，他触景生情、十分沉痛地又题诗一首，表达他对唐琬的思念。后来在 75 岁、81 岁、82 岁、85 岁时，年迈的陆游又四次来到沈园，每次都题诗怀念唐琬。

陆游和唐琬的爱情悲剧发生后，沈园成为人们追思真挚爱情的千古名园。后来沈园几经兴废易主，人们游览此园，依旧念念不忘陆游。当800 年后的今天，沈园原始的地表建筑早已不复存在了，陆游题写《钗头凤》的墙也已经无法找到，沈园也仅存一隅残垣，可是，冲着陆游来游沈园的人依旧络绎不绝。20 世纪五十年代，沈园最后一代传人将沈园清朝的平面图捐给了国家，人民政府按平面图再度修复了沈园，并将《钗头凤》以陆游的手迹形式制成了一道碑刻墙，供人们瞻仰。从此，陆游与唐琬的故事又一次以新的形式展现在世人面前，成了绍兴不可多得的人文景点。

今天的沈园占地 57 亩，分为古迹区、东苑和南苑三大部分。园内有孤鹤亭、半壁亭、双桂堂、八咏楼、宋井、射圃、问梅槛、琴台和广耜斋等建筑，形成了“断云悲歌”“诗境爱意”“春波惊鸿”“残壁遗恨”“孤鹤哀鸣”“碧荷映日”“宫墙怨柳”“踏雪问梅”“诗书飘香”和“鹊桥传情”等十景，各景点文化内涵有所侧重。

孤鹤轩是沈园的中心，是沈园的主要建筑之一，“孤鹤轩”三个字是由著名书法家、文物鉴定专家谢稚柳题写。轩两边廊柱上有对联一副“宫墙柳一片柔情，付与东风飞白絮，六曲栏几多绮思，频抛细雨送黄昏”。陆游因力主抗金收复失地，多次受到朝廷投降派的排挤，几次罢职回乡。晚年的陆游过着闲居生活，他 82 岁时再游沈园，作《城南》诗一首：城南亭榭锁闲坊，孤鹤归来只自伤。尘渍苔侵数行墨，尔来谁为指颓墙。他在《城南》诗中以“孤鹤”自喻，人们为纪念陆游而建了这座孤鹤轩。

古井亭是宋朝的遗物，所以取名为“宋井亭”。匾额中的井字很特别，中间多一横，而井的形状看上去好像人的眼睛，所以又称为“双眼井”“双洞井”。据说一个眼睛代表陆游，另一个眼睛就代表唐琬，当中一横代表陆母亲将他们给分开了。实际上，原先是两家共用一口井，中间有堵墙分开，井水相连，沈园重建时把这堵墙给拆除后就形成了现在的形状。

葫芦池一带是宋代原物的遗存，因其形状两头大，中间小，形似葫芦而得名。中间小的地方建了一座石板桥，池南是一座小山，山上立着黄石。山上有茅亭一座，匾额为“如故”，意思指这一带的景色如故，相传这里是唐琬宴请陆游的地方。陆游一生爱梅，古迹区内栽植有大量的蜡梅树，梅花怒放之时，香气充满整个园区，冬日游沈园也就成了绍兴的一项特色旅游，如果遇雪天更具诗情画意。

沈园的大多景观都是在考古挖掘的基础上，结合清代平面图修复的，近年来新增了不少景点，大多依照南宋的风格建造，意在与氛围一致。从某种意义上会说，沈园的美并不在建筑和风景，更在于它的文化内涵，它实际上已成为一座见证爱情的主题公园。

瞻　园

大将徐达曾为朱元璋打江山立下汗马功劳，明朝建立后，朱元璋念徐达“未有宁居”，特给徐达在南京建了一座府邸花园，供徐达享用。到了清代，乾隆皇帝南巡时，为这座园亲题了园名，这就是“瞻园”，它与苏州的留园、拙政园、无锡的寄畅园并称为江南四大名园。

瞻园距今已有六百多年历史，现在园内仍留存了明代的石矶及紫藤，成为明朝时期瞻园的见证。清朝时期，瞻园虽不比明朝，但依旧是江南名园，乾隆皇帝南巡，曾两度到瞻园游览，把这里作为行宫。据说乾隆回京后，还命人在西郊长春园中仿瞻园形式建造了“如园”。1853年太平天国定都南京后，这里先后为东王杨秀清和夏官丞相赖汉英的王府花园，可惜在1864年天京保卫战时，太平天国内忧外困，无力自保，该园也因此毁于兵燹。后来，同治、光绪年间两次重修，但园景远未恢复到原来的旧貌。1960年，瞻园经过古建专家们的恢复整修，再现辉煌，成为今日南京的一处名园。

瞻园分东西两个部分，东半部有大门、照壁、太平天国起义浮雕、太平天国历史陈列馆等，陈列大批太平天国文物。西半部是一座典型的江南园林，园内古建筑有一览阁、静妙堂、花篮厅、致爽轩、迎翠轩及曲折环绕的回廊，这些建筑和回廊把整个瞻园分成5个小庭院和一个主园。

园内的主体建筑是静妙堂，建于明代，取“静坐观众妙，得此壮胜迹”之意。它坐北朝南，一面建在水上，宛如水榭。该堂把全园分成两部分，南小而北大，南北各建一假山和水池，以溪水相连，使南北景致有分有聚，隔水望山，相映成趣。

一览阁位于瞻园水院的中心，为两层楼阁，是园中观景的最佳处。

阁门外为四品海棠院，栽有多种海棠和各种花卉，为一览阁增添了四时不同的景致。明清以来，文人雅士喜欢登临此处，吟风弄月，他们为瞻园留下了不少赞颂诗文。清代袁枚就曾赞道：“妙绝瞻园景，平章颇费心。一楼春雨足，三寸落花深。”他还在《瞻园小集诗序》中，以“青山横而帘卷，碧荷动而香生”，专门赞叹一览阁前的荷花。近代书画鉴赏家、扬州人何宾笙也曾驻足一览阁，情不自禁地叹曰：“远笼钟阜近吞江，一览楼中景入窗，此是秣陵名胜地，许多王气洒能降。”

湖石假山成为瞻园的主要特色。园内有两块宋代奇石——仙人峰、倚云峰，相传是宋代花石纲遗物，是石中精品。而园内的假山是以湖石堆叠而成，临水池而立，悬崖峭壁，造型生动。其中，北假山建于明代，以临水的石壁、石径、石矶为特色。西假山面积广阔，横贯瞻园南北，气势夺人。

假山之间的梅花和亭子是点睛之笔。这里有两座亭子，一座是山上的小方亭，因周围栽植松、竹、梅，又称为三友亭，也叫岁寒亭。亭前有梅花坞，栽植有数十株梅花，为明清“十八景”之一。袁枚曾有吟诵梅花坞的诗：“环植寒梅处，横斜画阁东，一轮明月照，满树白云空。春到孤亭上，香闻大雪中。要他花掩映，新置石屏风。”另一座离岁寒亭不远，是扇面亭，据说以铜铸成，天寒时，可以在亭子里生煤烧火取暖，有人形象地称它是世界上最早的空调建筑。关于瞻园梅花和亭子的故事，清代文学家吴敬梓在《儒林外史》中有生动的记载：徐达的十世孙九公子徐咏，邀请表兄陈木南到瞻园家中来赏梅，那天正是“积雪初霁，瞻园红梅次第将放”，徐公子陪表兄来到土山上的薇亭里，两人在雪映梅花的亭子里饮酒畅谈，陈木觉得越坐越暖，不觉连脱两件外衣，并诧异地问徐公子：尊府虽比外面不同，怎会如此大暖？徐公子反问道：四哥，你不见亭子外面一丈之内雷所不到？这亭子都是先国公在世时造的，全是白铜铸成，内中烧了炭火，所以这般温暖。可见那时的薇亭是名副其实的铜亭。可惜，薇亭在后来的岁月中毁损了，后来人们重修了扇面亭代替。如今，这里景观虽与当年有所不同，但雪后赏梅，依旧是瞻园一大特色，寒冬时节，游人往往以踏雪赏梅为快事。

与苏州园林一样，在漫长的岁月风雨中，瞻园也留下了不少历史典故，篆刻的虎字碑相传是朱元璋赐给开国功臣徐达的，被称为瞻园的镇宅之宝，如今还镶嵌在瞻园的墙上。据说在徐达重病之时，朱元璋招来刘伯温的师傅邵道人为徐达治病，邵道人来府后，也不言语，只写了一个虎字，朱元璋命人将“虎”字刻于石碑之上，赐予徐达。奇怪的是，有了虎字碑后，徐达的病居然不治自愈，而且也因这个虎字碑，徐家连续十八代荣华富贵。乾隆下江南时，听了传说，仔细观察“一笔虎”，发现其中藏有“富甲天下”四字，认为它是稀世之宝，称它为“天下第一虎”，想带回京城占为己有，当时，随行的大臣劝谏乾隆，虎字碑嵌于墙中，强行挖出怕破坏风水，不吉利，乾隆只好作罢。传说已不可考，虎字碑已成为瞻园难得的文化遗存，供游人品味怀想。

十 笏 园

仅从名字看，十笏园就有浓厚的人文色彩。“笏”为古时大臣上朝时拿着的狭长形手板，多用玉、象牙或竹片制成。园主人丁善宝在他的《十笏园记》中对十笏园的命名作了解释：“以其小而易就也，署其名曰十笏园，亦以其小而名之也。”“十笏”一词，来自唐人所著《法苑珠林》，在此书的《感通篇》中说，印度吠舍哩国有维摩居士故宅基，唐朝时期，王玄策出使西域，经过维摩居士宅地，以笏量宅基，只有十笏，所以称它为方丈之室。后人即以“十笏”来形容小面积的建筑物。此园面积仅二千余平方米，确是小园，丁善宝即取此意。

十笏园又名丁家花园，位于山东潍坊市，原是明嘉靖年间刑部郎中胡邦佐的故宅，胡邦佐及其子孙四世为官，政绩卓著，他的宅邸曾经显赫一时，可惜后来家道中落，其宅邸也转手他人，清光绪十一年（1885年）被潍县首富丁善宝以重金购作私邸，修葺扩建，始称“丁家花园”。

丁善宝当年在潍坊一代以附庸风雅闻名，他曾是潍坊的四大豪绅之一，在咸丰年间以巨款而捐得举人和内阁中书之衔，他能诗善文，著有《耕云囊霞》等文集，这在地方豪绅中并不多见。他游历了大江南北，于清光绪十一年（1885 年）购得胡邦佐的故居，在改建的时候，特意按照个人雅好辟一区宅园。此园由于规模小，按园主说法，只有“十个笏板”大，故名十笏园。还有一种说法，丁善宝处事谨慎，怕树大招风，故命名十笏园，意思是小园而已。总而言之，十笏园名称的由来与园主的内心世界密切相关，今天已无法知晓他到底图的是什么。据说，当时他还延请了他的文友蒯菊畦、刘子秀、于敬斋三人设计，造园时间不长，只用 8 个月就竣工。园子建好后，一时名家汇集，饮酒吟诗雅集不断，安邱的王端麟曾在《沁园春》词里叹曰：“有方塘半亩，镜湖潋滟，奇峰十笏，灵壁崔嵬，曲榭留云，清泉戛至，野草闲花自栽。”平度的白永修也有《十笏园题句》：“赤栏桥畔水亭西，亭下微风飏钓丝。荷叶染衣花照眼，令人错认铁公祠。”可见当时的确是一座名园。如今的十笏园是整个丁宅建筑群落的一部分，现存古建筑有34处。

由于潍坊处于南方和北方交界地，这里的商人、文人既可南下苏杭，也可北上京都，南北园林的优点长处在潍坊的私家园林中均有体现，造园风格也是南北兼备。十笏园的主要特点是小而精致，在众多的园林中，它是典型的袖珍式建筑。园平面呈长方形，现存园址南北长70米，东西宽44米，占地仅3400平方米。由中、西、东三条古建筑轴线组成。东路的主体建筑碧云斋，曾为丁氏居室；西路有建筑诵芬书屋、深柳读书堂、秋声馆与静如山房等，为丁氏私塾和客房；中路为花园中心，有十笏草堂、四照亭、砚香楼、北厅等。

砚香楼为十笏园主体建筑，也是现存唯一的明代建筑，它是园主人藏书和读书之所，唐代诗人李贺在《杨生青花紫石砚歌》中，有“纱帷昼暖墨花春，轻沤漂沫松麝重”的诗句，意思是白天的书房温暖如春，研磨出的墨汁有丝丝花纹，散发着阵阵松麝香味，主人附庸风雅，所以取此诗的意思作为楼名。登楼远望，“崖壁假山，飞瀑流泉，藕塘蓬蒲，莲叶田田”，十笏园全貌尽收眼底，是游人游园观景的好去处。

四照亭居于水池中心，是十笏园主要建筑之一。四照亭是一座方形亭子，绿柱红檐，雕梁画栋，四周建有美人靠，可供人休息观景。亭子的名字就是指四周都有阳光普照的意思。因为亭子四面环水，凭栏可观赏波光粼粼的水面景致，还可以欣赏水池中的假山和花木。

今天的十笏园既是一处向社会开放的公共园林，也是文物陈列所，其文化内涵十分丰富。在十笏园的文物中，有一座唐代铁佛造像十分著名，此佛像1962年在潍城区石佛寺出土，后来移存十笏园。据记载，石佛寺在宋代以前叫铁佛寺，后来铁佛寺被毁，改建为石佛寺，铁佛遂埋于地下。铁佛像高3米，宽2米，约重5吨，据考证为分段排模铸造，体现了古代铸造艺人高超的工艺。铁佛造像盘腿趺坐，左手端胸前，右手前伸，面部丰腴端庄，鼻端隆起，宽额丰腮，双目微合，面呈慈祥微笑状，造型优美，体现出唐代典型艺术风格，是我国罕见的巨型铁佛造像。

潍坊自古多出文化名人，不少文人雅士都光顾过十笏园，并留下了墨迹。康有为曾在十笏园住过三个晚上，写下了《十笏园留题》："峻岭寒松荫薜萝，芳池水石立红荷，我来山下凡三宿，毕至群贤主客多。"清末状元曹鸿勋撰写的《十笏园记》碑刻、清代扬州八怪之一的金农白描罗汉图、郑板桥的竹石兰碑刻等都保留在十笏园，这些都成了十笏园的文化财富。

在私家园林并不多见的北方，十笏园得以较好地保存，显得尤为珍贵，从南北园林双重特点方面看，它具有标本性价值，也是潍坊这块土地繁华历史的实物见证。

趵突泉

在泉城济南，有一处以泉水著称的特色园林，它就是趵突泉公园。趵突泉公园是一处兼具南北方园林艺术特点的最有代表性的山水园林，其名胜古迹、文化内涵极为丰富。

趵突泉公园泉池众多，著名的有趵突泉、金线泉、漱玉泉、马跑泉等30多处名泉，形成了趵突泉群。趵突泉是其中最著名的泉水，也是最早见于古代文献的济南名泉，金朝时，政府就立了名泉碑，称其为济南七十二名泉之首。趵突泉有三股泉眼，泉水以三股向上喷发，昼夜不息，水盛时高达数尺。所谓“趵突”，音义兼顾，既表示跳跃奔突之意，也形容趵突泉三窟迸发、喷涌不息的特点和气势，同时也模拟泉水喷涌时“卜嘟”“趵突”的声音，可谓精妙绝佳。

趵突泉历史悠久，2002年，有专家根据河南安阳出土的甲骨文考证，此泉有文字记载的历史可上溯至商代，长达3543年。最早的记载可见于《春秋》，春秋时期，鲁桓公和齐襄公争论国界的典故，就提到了趵突泉。那时，名字并不叫趵突泉，直到宋代，文学家曾巩任济南（当时叫齐州）知州时，在泉边建“泺源堂”，并写了一篇《齐州二堂记》，才正式称为“趵突泉”。

趵突泉自古多名人光顾，也多诗文吟咏。北魏郦道元，金代诗人元好问，元代著名画家、诗人赵孟頫，清代诗人何绍基，清朝文人刘鹗等对趵突泉都有形象的描绘和赞颂。著名文学家蒲松龄称趵突泉为“海内之名泉第一，齐门之胜地无双”。清代康熙皇帝南游时，曾观赏了趵突泉，兴奋之余题了“激湍”两个大字，并封为“天下第一泉”。

趵突泉公园因趵突泉闻名，以观泉、赏鱼、品茶、山石、文化为特色，以小巧玲珑、步移景异、清洁幽静、古朴典雅而著称。全园分为趵突泉景区、三大殿景区、尚志堂景区、漱玉泉景区、东门入口区、枫溪景区、沧园景区、白雪楼区、南门入口区、万竹园景区等十个景区，总面积近百亩。主要景点建筑有来鹊桥、蓬山旧迹坊、蓬莱茶社、沧园、万竹园、枫溪等。

公园南大门是进门第一景，富丽堂皇、雍容华贵，大门上的横匾“趵突泉”蓝底金字，是乾隆皇帝的御笔，有人誉为中国园林“第一门”，一点也不为过。

趵突泉是公园内的主景，由亭、堂、廊、榭组成了一个封闭空间，高低错落的建筑像众星捧月一样，簇拥着喷突腾涌的趵突泉。泉池东西长 30 公尺，南北宽 20 公尺，泉分三股涌出平地，泉水甘洌清澈。泉的四周有大块砌石，环以扶栏，游人可凭栏俯视池内三泉喷涌的奇景，从不同角度欣赏趵突泉奇景。趵突泉边立有一块墨绿色石碑，上题“第一泉”，为清同治年间历城王钟霖所题。趵突泉附近，散布着金线泉、漱玉泉等诸多名泉，构成了趵突泉泉群，其中的漱玉泉尤其引人注目，这是因为此泉与宋代女词人李清照有关。

李清照，号易安居士，宋代济南人。她的诗词有很高的艺术成就。尤其是词，清丽婉转，耐人寻味，她生逢战乱，中年丧夫，国破家亡，大半辈子过着颠沛流离的生活，这也使她的诗词特别哀婉动人，别具一格，被称为“婉约之宗”。李清照的故居就在漱玉泉边，她的《漱玉集》就是因此泉得名。所谓漱玉，出自《世说新语》中“漱玉枕流”的典故。后人为纪念这位著名的词人，在泉北建了李清照的纪念堂，今天这里成了文人墨客游园驻足、思古怀旧的一处好地方。

趵突泉为何如此有名？与趵突泉的水质、历史、文化有关。趵突泉的水是从地下石灰岩溶洞中涌出，出水量大，出水高，水质清醇，含菌量极低，经化验符合国家饮用水标准，可以直接饮用。明清时，“趵突腾空”为济南八景之首。泉水一年四季水温恒定，冬季水面的雾景十分奇妙，被称之为“云蒸雾润”。据说当年康熙、乾隆两个皇帝都曾在这里临水静坐，品茗赏泉，领略趵突泉的风韵。他们出京时带的是北京玉泉水，到济南品尝了趵突泉水后，便立即改换成趵突泉水，并封趵突泉为“天下第一泉”，有诗赞曰“润泽春茶味更真”。泉东侧有著名的望鹤亭茶社，清代文人施闰章曾写诗歌曰：“仰而见山之青，俯而见泉之洁，清流激湍兮，孰浚其源？潜蛟出蛰兮，飞虹蜿蜒。”今天，茶社依旧生意兴隆，它以良好的服务，专为游人提供用趵突泉水沏的香茶。以泉水泡茶，已经成为吸引游人的一大招牌项目。有人说，不饮趵突泉的水，可以说是空赴济南之行。

趵突泉今天已经成为泉城济南的象征与标志，与千佛山、大明湖并称为济南三大名胜，这一处美妙的自然景观必将给人们带来更多的享受。

大明湖

大明湖所以被称为“泉城明珠”，不仅因为它是济南闹市的一处难得的天然湖泊，更因为它是一处具有悠久历史和众多古迹的风景园林。

大明湖是一个由城内众泉汇流而成的天然湖泊，被称为“中国第一泉水湖”。湖水来源于城内珍珠泉、濯缨泉、芙蓉泉、王府池子等诸泉，面积690亩，约占济南旧城的四分之一，平均水深2米左右。围绕大明湖有众多的古迹建筑，加上点缀湖中的小岛和建筑，形成一道以环形古建筑群为主，各种古迹景点星罗棋布的靓丽风景带。

据记载，140多年前，著名地理学家郦道元在《水经注》中就有对湖名的记载。唐代大明湖胜景已经远近闻名。宋朝时称为“西湖”，那时湖面比现在宽广许多，当时文学家曾巩任济南知州，在大明湖兴修水利，并沿湖修了亭、台、堤、桥，曾巩曾有诗赞道“问吾何处避炎蒸，十顷西湖照眼明”。可知当时此处已是消暑游览的名胜之地。从金代起，始称“大明湖”，面积缩小为专指城内的湖区。后来又经过历代整修，到清代，大明湖越发优美秀丽，被赞为“四面荷花三面柳，一城山色半城湖”。

大明湖的建筑基本是环湖而建，南岸和北岸最多。南岸有鹊华桥、稼轩祠、明湖居、遐园、七曲石桥、九曲亭等。北岸有铁公祠、南丰祠、汇波楼、月下亭、小沧浪等。大明湖多小岛，小岛上有许多著名古建筑，如历下亭、湖心亭、汇泉堂等，起到画龙点睛的作用。

历下亭年代久远，被称为中国第一古亭。该亭位于最大的湖心小岛上，因处历山之下而得名，它是一座轩昂古雅的木结构建筑，朱梁画栋，四面临水，绿柳环绕。公元745年，诗人杜甫曾与北海太守李邕饮宴于历下亭，并写下《陪李北海宴历下亭》诗。诗中“海右此亭古，济南名士多”一句被人广为传诵，历下亭也因此名扬天下。历下亭后来几经变迁，清康熙年间重建。今天看到的历下亭，基本上保持了清代原貌。亭中“历下亭”匾额为清乾隆皇帝手书。亭北名士轩中，墙上嵌有杜甫、李邕的石刻画像及济南历代名人的画像，门前抱柱上刻有郭沫若撰写的对联：“杨柳春风万方极乐，芙渠秋月一片大明。”

铁公祠坐落在大明湖北岸西端，建于清乾隆五十七年（1792 年），是为纪念明代兵部尚书、山东参政铁铉而建。明建文帝时，燕王朱棣南下夺权，攻至济南，铁铉率军民坚守，屡挫燕王，逼迫燕王只能绕道南下。后来朱棣攻下南京，自立为帝，用计擒获了铁铉。铁铉被俘后，面见燕王，拒不下跪，且破口大骂燕王。朱棣命他面向北方，也没奏效。愤怒的朱棣令人割下他的耳朵、鼻子，煮熟后塞入他口中，问他滋味如何，铁铉厉声说“忠臣孝子的肉当然好吃”。仍不屈服的铁铉终被凌迟处死，年 36 岁。据说处死后，朱棣仍不解气，命人把他扔进了滚烫的油锅。后人敬仰铁铉的英勇壮烈，于是建立了铁公祠。铁公祠园内杨柳垂荫，园外碧水一片，环境清幽旷远，建筑古朴典雅中带着肃穆。大凡游览铁公祠的，无不为铁铉的事迹感动，清朝文学家刘鹗在《老残游记》中就曾专门描写过在铁公祠的感受。

小沧浪位于铁公祠旁，是一处具有江南风格的小园林，始建于清乾隆五十七年（1792 年），由小沧浪亭、曲廊、荷池等组成，因系效法苏州沧浪亭风格修建，且规模较小，故取名小沧浪。著名“四面荷花三面柳，一城山色半城湖”对联就镌刻在小沧浪亭的入口处。相传，清嘉庆九年（1804 年）夏，山东提督学政、历史学家刘凤诰与山东巡抚、书法大家铁保曾在小沧浪邀集文人雅士宴饮，兴致勃然，刘氏即席赋得联语“四面荷花三面柳，一城山色半城湖”。众人提议要铁保泼墨书写，铁保慨然应允，即席书丹。此联不仅成为形容济南古城风貌的名联佳句，而且此联本身也成为值得人们永远品味的人文景观。

大明湖除了秀丽景色，还有迷人的传奇。据说大明湖有“四怪”——青蛙不鸣，蛇踪难寻，久旱不落，久雨不涨。四怪由来已久。明末诗人王象春，就曾在《齐音·大明湖》中有过详细的记载——“湖在城中，宇内所无，异在恒雨不涨，久旱不涸；至于蛇不现，蛙不鸣，则又诞异矣。”该文后被清朝人收录在《历城县志》中，这应该是较早的文字记载。随着科技的不断进步，四怪已经有三个找到了答案。所谓的“蛇不现”是因大明湖内的水鸟众多，使得蛇类很难生存；而“恒雨不涨”，则是因大明湖的出水口众多，当水涨时候，自然就流了出去；至于“久旱不涸”，则是因大明湖的湖底为质地细密的火成岩，致使源源不断流注湖中的泉水不能下泄。但是唯独“青蛙不鸣”这一怪却始终找不到令人信服的答案，关于蛙不鸣之谜，有各种不同的猜想，也常有人带着青蛙来实地一探究竟，结果都无法解开其中之谜。这也更增添了大明湖的迷人之处，也许迷人的风景，必然就有迷人的意味吧。

近年来，大明湖增修了一些新景区，如百米喷泉、水幕电影、书画展览馆、碑刻展等，此外，每年还举办荷花展、龙舟赛、文化庙会、民俗文化节等活动，增添了文化含量，为大明湖增添了新的活力，吸引了海内外更多的游客。

华清池

在西安，大唐王朝的遗迹比比皆是，华清池就是其中著名的一处。这处以温泉著称的宫苑园林曾见证了唐明皇与杨贵妃的爱情故事，也见证了大唐王朝的兴衰。

据记载，华清池的温泉大约发现在3000年前的西周时期，唐朝时期，唐太宗李世民在此修建温泉宫。唐玄宗时期，进一步扩建，并修御道与其他建筑连在一起，改名为“华清宫”，因为建在温泉池上，所以又叫“华清池”。唐代华清池是帝王妃嫔们娱乐休闲的行宫，他们每年十月到此，到年底才返回宫中。唐玄宗每年携杨贵妃到此过冬，沐浴避寒，他们在此吃喝玩乐赏景，处理国政，留下了很多故事。据记载，唐玄宗从开元二年（714年）到天宝十四年（755年）的41年时间里，先后来此达36次之多。飞霜殿原是唐玄宗和杨贵妃的卧室，白居易《长恨歌》里“春寒赐浴华清池，温泉水滑洗凝脂，侍儿扶起娇无力，始是新承恩泽时”，形容的就是唐玄宗与杨贵妃消遣游玩的情景。

经过千年的王朝更迭与战乱，原来的建筑都已毁损。现在的建筑是按照历史记载的布局于1959年重建的。不过，华清池的温泉一直长流不断，华清池今天依旧风采不减。华清池温泉共有4处，有一处发现于西周时期，其余三处是新中国成立后开发的。总流量为每小时100多吨，水温43℃。水内含多种矿物质和有机物质，不仅适于洗澡淋浴，同时对关节炎、皮肤病等都有一定的疗效。现在华清池的浴池建筑面积约3000平方米，有各类浴池一百多间，一次可容纳近400人洗浴。它既是国内罕见的大型温泉池，又是重要的文物保护场所。

温泉是华清池的中心，景点均围绕温泉池水展开。主要有新浴池、九龙湖、宜春殿、飞霜殿、沉香殿、九曲回廊、龙石舫、晨旭亭、九龙桥、晚霞亭、贵妃池、望湖楼、飞霞阁等。

在众多景点中，最能勾起人们思古幽情的还是与杨贵妃有关的景点，倘若没有杨贵妃，华清池便逊色了许多。经近年来考古发掘，在唐华清宫保护区内发现了唐梨园遗址，清理出“莲花汤”（御汤）、“海棠汤”（贵妃池）、太子汤、尚食汤、星辰汤等五处皇家汤池遗址及殿堂、廊庑、水道等建筑遗迹。同时在唐、汉文化层下发现了新石器时代的夹砂泥质陶片，为研究华清池的历史提供了珍贵的实物依据。“莲花汤”池形如石莲花，据说是唐玄宗李隆基的浴池；“海棠汤”池形如海棠，紧连“莲花汤”池，据说是杨贵妃浴池。此外，“尚食汤”是供大臣们沐浴之处，“星辰汤”传说原址上面及四周无遮物，沐浴时可欣赏天上星辰。在这些汤池附近，还有一座飞霞阁，远高于其他建筑，传说是贵妃浴后观景及晾发之处，当年杨贵妃沐浴后，在宫女们前呼后拥下，来此登高观景，晾晒那一头青丝。

当然，杨贵妃毕竟是古人，除了空留一池温泉外，人们再也无法一睹她的芳容，甚至连史书记载也是谜团众多，至今人们对杨贵妃的结局莫衷一是，还有说她流落到日本的。

姑且不论历史，华清池在近代也是名闻中外，震惊中外的“西安事变”就发生在这里，五间厅就是见证，西安事变发生时蒋介石曾在此躲避过。亭后骊山的半腰间有一处虎斑石，一侧有一座“兵谏亭”，水泥钢筋结构，匾额是用贵重的蓝田玉制成。1936 年 12 月 12 日，国民党抗日爱国将领张学良、杨虎城为迫使蒋介石停止内战，一致抗日，兵围华清池，发动兵谏。当时蒋介石就住在五间厅，经过短暂的战斗，张、杨的部队在兵谏亭捉住了蒋介石。后来在中共协调下，蒋介石被迫接受了一致抗日的主张。这次事件直接引起了第二次国共合作，是中国抗战史上重要的转折点。

今天的华清池，在挖掘历史文化的基础上，更加注重园林风景的建设，将自然景区一分为三：东部为沐浴场所，西部辟为以古建筑为主体的园林游览区，南部为文物保护区。近年来，华清池内又新添了中外书法碑林、梨园及其他艺术展馆，构成了集旅游、文物、园林、沐浴、娱乐、餐饮为一体的综合性文物游览场所，堪称北方皇家园林之典范。

晋　祠

晋祠是一座纪念性的祠堂，位于山西省太原市西南悬瓮山下，因为在晋水源头，故称晋祠。据说周成王有一次同他的小弟弟叔虞（周武王的次子）玩耍，他摘下一片桐叶，削成圭形，对叔虞说：“把这个封给你。”边上的大臣就请求成王选择吉日，正式给叔虞封地。成王说：“我是说着玩的。”大臣说：“君无戏言。”于是，叔虞就被封在唐这块地方，人称唐叔虞。因为这里有晋水，唐国就改名为晋国，这就是春秋时晋国的由来。现在的山西省叫晋，即因为在古晋国之地。后人为了纪念叔虞，在北魏前修建了这座祠堂。

晋祠的总体布局大体分为三部分：一是以圣母殿为主体的中轴线建筑群，有圣母殿、鱼沼飞梁、献殿、钟鼓二楼等；二是位于中轴线北面的唐叔虞祠、昊天神祠、文昌宫等；三是位于中轴线南面的水母楼、难老泉、舍利生生塔等。晋祠充分利用了自然地形，巧妙布局，长于借景，将祠庙与自然景观巧妙结合，形成别具一格的园林特色。

鱼沼飞梁是晋祠十分著名的建筑，在其他园林中极少见。鱼沼飞梁不同于亭台楼阁似的建筑，它其实是圣母殿、献殿之间水塘和桥梁的一个合称。这座桥梁的结构十分复杂，水中立有 30 多根八角石柱，柱基部位保连座，柱上置斗拱、梁枋，桥面设勾栏围护，整个桥面呈十字形，四个方向都通岸边。

都说晋祠有三绝，指的是周柏唐槐、宋代彩塑和难老泉的泉水。

周柏相传为西周时期所植的柏树；唐槐，也有人说是隋槐，于隋唐时代种植的槐树。这些古树年代久远，见证了晋祠的过去和今天，千百年来依旧茂盛葱郁。

圣母殿是北宋年间为叔虞之母邑姜修建的一座规模宏大的殿堂。这座殿堂原是晋祠的主体建筑，由于富丽堂皇，古代官员常到圣母殿来献祭祈雨，这样一来，唐叔虞祠倒反而退居其次了。圣母殿的殿身四面有围廊，前廊深两间，是我国古建筑中现存最早的带围廊的宫殿。殿内供奉着 43 尊宋代彩塑。主像是圣母邑姜，其余 42 尊是宦官、女官和侍女。圣母凤冠蟒袍，端坐在凤头椅上。侍女们各握不同器具，眉眼有神，姿态自然，是宋代宫廷生活的写照。这组彩塑是中国雕塑史上的精品。

据说晋水有三个源泉，一是善利泉，一是鱼沼泉，一是难老泉。难老泉是三泉中的主泉，晋水的源头就从这里流出，长年不息，水温保持在 17℃，每秒流量是 1.8 立方米。

关于难老泉，有一个“柳氏坐瓮，饮马抽鞭”的民间故事。说是晋祠北面的金胜村有一个姓柳的女子，嫁到了古唐村，受婆婆的虐待，每天都要到远处去挑水。一天，在挑水的路上，她碰见一位骑马的老人向她讨水饮马。虽然这一担水她好不容易从远处挑来，但是善良的柳氏还是把这一担水全送给老人饮马了。老人临走时送给柳氏一根马鞭，说只要把鞭子插在水缸里，一提鞭子，水就会涌上来。柳氏回家之后一试，果然如此。后来，婆婆发现媳妇不再挑水，而水缸里的水却始终是满的，心中不免产生怀疑，就趁媳妇不在家，偷偷地察看，发现了水缸中的马鞭，心想这是一个宝贝，伸手过去把马鞭提出缸外，一时之间，缸里的水马上喷涌而出，向四处漫流。正在娘家梳头的柳氏感应到水涌出来了，赶快跑回婆家，见水大难以堵住，忙用院中的石板盖住缸口，自己坐在石板上。汹涌的大水顿时变成潺潺的细流，不断从柳氏的身下流出来。后人为了纪念这位善良的女子，称她为水母，在难老泉的西侧建起了水母楼，楼内塑有一尊端庄秀丽的水母塑像。水母娘娘传说不知起于何年，水母楼却是明代建筑，如今，人们观楼思古，增添了许多悠悠的感慨。

晋祠内还有一处难得的景观，乃是一块古碑，这就是《晋祠之铭并序》碑。此碑为李世民亲自撰写并手书。据传，唐太宗李世民的父亲李渊（唐高祖）是隋代太原留守，眼看隋炀帝荒淫无度，李渊和李世民父子便乘天下大乱的机会，带领三万人马，从太原起兵，讨伐隋炀帝。起兵前，为了祈求成功，曾到晋祠来祈祷。后来李渊父子顺利地打下了江山，建立了大唐帝国。李世民为报答晋祠的保佑，特地立了这块石碑。唐太宗特别喜爱王羲之的行书，这块碑就是唐太宗有意模仿王羲之父子书法的杰作，是十分珍贵的名碑。

嵩阳书院

自宋代以来，我国就有四大书院之说，嵩阳书院就是四大书院之一。嵩阳书院原名嵩阳寺，创建于公元484年（北魏太和八年），因位于嵩山南麓，故称嵩阳书院。后经历代多次增建修补，规模逐渐形成，布局日趋完善。书院的建筑古朴雅致，大方不俗。

嵩阳书院是我国古代高等学府，历史上以理学著称于世，以文化内涵丰富、文物奇特众多名扬古今。嵩山地区自古就是儒家学派活动的重要地区，这里曾有嵩阳书院、颍谷书院、少室书院、南城书院、存古书院等多家书院，其中最显赫的为嵩阳书院。乾隆皇帝游历嵩山时，曾赋诗赞道："书院嵩高景最清，石幢犹记故宫名。山色溪声留宿雨，菊香竹韵喜新晴。初来岂得无言别，汉柏阴中句偶成。"

嵩阳书院在历史上曾是佛教、道教场所，宋仁宗时改名嵩阳书院，此后一直是讲授经典的教育场所。嵩阳书院是宋代理学的发源地之一，宋代理学的“洛学”创始人程颢、程颐兄弟在嵩阳书院讲学十多年，他们对学生和蔼可亲，讲学通俗易懂，学生有如沐浴春风之感。其中程颐就是著名的尊师重教典故“程门立雪”的主人翁。范仲淹、司马光也曾在嵩阳书院讲过学。司马光的巨著《资治通鉴》其中的一部分就是在嵩阳书院撰写。书院鼎盛时期，所属学田 1750 多亩，生徒达数百人，藏书达 2000 多册，珍品藏书有《朱子全书》《性理精义》《日讲四书》等。可惜书院在明末毁于兵火，清代又重修增建，由于清末废除科举制度，设立学堂，经历千余年的书院教育终于退出了历史舞台。

嵩阳书院经历代重修，目前仍保持了清代建筑布局，共有古建筑 25 座 108 间。中轴建筑共分五进院落，由南向北依次为大门、先圣殿、讲堂、泮池、道统祠和藏书院，先圣殿内有孔子及四大弟子像，道统祠内有周公、大禹、尧帝像。藏书楼原为存放儒家经典的书房。泮池为儒家弟子中举之后回来绕行怀念宗师孔子的地方。中轴线两侧有配房相连，有程朱祠、丽泽堂、书舍、学斋等。纵观嵩阳书院的建筑，古朴典雅，蔚然壮观。

历经千年的书院，有两处独特景观尤为引人驻足：一是唐碑，另一是古柏。

《大唐嵩阳观纪圣德感应之颂》碑，即唐碑，立于嵩阳书院大门外南侧。高 9 米，宽 2.04 米，厚 1.05 米，为嵩山地区碑制之冠，被称为嵩山碑王。碑重 80 多吨，仅碑帽就有 10 多吨重，如此沉重的碑帽如何安放在碑顶，已成难解之谜。在民间，有“鲁班智立唐碑”的传说，据说当初因为碑帽放不上去，监工大臣一连杀了三个县官，后来还是采取了鲁班“土圆脖子”的办法，四周用土先堆到碑顶，放好碑帽后，再移走堆土。此传说并不可信，但是上千年来吸引了成千上万的人们，成为品赏大唐碑的重要内容之一。

据载，唐碑刻立于唐玄宗天宝三年（744 年），碑制宏大，雕刻精美，通篇碑文 1078 字，主要记述嵩阳观道士孙太冲为唐玄宗李隆基炼丹的故事。由奸臣李林甫撰文，唐代大书法家徐浩书写。碑文字体为八分隶书，字迹工整，刚柔适度，笔法遒雅，是唐代隶书代表作品之一。该碑不但文图雕工精美，且石质细腻坚固，在露天之下，历经一千多年风雨侵蚀，碑面仍平滑如新。可是，由于碑文是奸臣李林甫所撰，碑的背面有许多游人题词，大都为唾骂李林甫的文字。明代监察御史蒋机留诗专门讥讽李林甫“道旁林甫碑，读之面发赤。心残似剑矛，言甘如醴蜜。唐家对德辞，出自奸谀笔。天怒春雷轰，勿久污太室”。

嵩阳书院内原有古柏三株，称为将军柏。由于将军柏十分古老，古往今来，吸引了无数文人墨客泼墨挥毫，赋诗赞颂。诗人李观兴赞道：“翠盖摩天回，盘根拔地雄。赐封来汉代，结种在鸿蒙。”诗中的赐封指的是汉武帝与将军柏的故事。西汉元封六年（前 110 年），汉武帝刘彻游嵩岳时，见柏树高大茂盛，遂封为“大将军”、“二将军”和“三将军”。大将军柏树高 12 米，围粗 5.4 米，树身斜卧，树冠浓密宽厚，犹如一柄大伞遮掩晴空。二将军柏树高 18.2 米，围粗 12.54 米，树干下部有一树洞，好似门庭过道，树洞中可容五六人。两根弯曲如翼的庞然大枝，左右伸张，若雄鹰展翅，每当山风吹起，枝叶摇动，发出阵阵丝竹之音。三将军柏树不幸毁于明末。近年来，经林学专家鉴定，将军柏为原始柏，树龄有 4500 年，是我国现存最古、最大的柏树之一，它们是嵩阳书院历史的见证，也给嵩阳书院增添了无尽的沧桑感。赵朴初先生游历书院时，曾激动地吟出“嵩阳有周柏，阅世三千岁”的诗句。

嵩阳书院不仅有厚重迷人的历史，在近代也留下了不少名人足迹。1936 年 9 月，蒋介石赴洛阳做五十寿辰之前，来到嵩山，游历嵩阳书院时，见此处群山环绕，环境幽静，书卷气很浓，可是听说近处山野的水源缺乏，与环境不协调，当即命河南省建设厅长张静愚调机井队，在书院内凿一眼百米深井，此井即为“蒋公井”。这是嵩山有史以来的第一眼深机井，现存完好，也成了书院近代文化的实物见证。

今天，嵩阳书院虽然失去了讲学传道的功能，但是作为中国古代教育史上一颗璀璨的明珠，已经永远载入史册，也成为中原大地不可多得的文化财富。

少 林 寺

20 多年前，一部名为《少林寺》的电影曾轰动一时，从此，这座以武术和佛教闻名的寺庙声名远播，成为众多武术爱好者和佛教人士向往的圣地。

少林寺始建于北魏孝文帝时期，当时印度僧人跋陀来此传承小乘佛教，翻译佛经，佛徒一时达数百人，建这座寺庙就是为了安顿印度僧人跋陀。因其坐落于少室山密林之中，故名“少林寺”。32 年后，释迦牟尼的第二十八代佛徒菩提达摩一路辗转，历时三年到达少林寺，面壁九年，首传禅宗，影响极大。因此，少林寺被称为“禅宗祖庭”。少林寺发展的全盛时期是在唐朝，唐初十三棍僧救驾李世民后，少林寺得到了唐王朝的高度重视，博得了“天下第一名刹”的美誉。唐高宗李治和武则天数次游历少林寺，并题以匾额。

少林寺不仅因佛教文化名扬天下，更因少林功夫而驰名中外，“中国功夫冠天下，天下武功出少林”。这里是少林武术的发源地，也是中国武术正宗流派。所以，少林寺不仅拥有著名的寺庙园林景点，更拥有传承千年的少林“禅、武、医”文化。少林寺主要建筑景点包括少林寺常住院、塔林、初祖庵、立雪亭、二祖庵、达摩洞、十方禅院、武术馆等。

常住院是全寺核心，是主持和尚和执事僧进行佛事活动的地方，游人参观少林寺，总是在常住院里流连忘返。大雄宝殿位居常住院正中，也是全寺的中心建筑，是僧人进行佛事活动的重要场所，该殿在 1928 年被军阀石友三烧毁，1985 年重建。殿内供奉着如来佛、观世音等佛像。少林寺大雄宝殿的特别之处在于三世佛左右塑的站像与其他寺庙不同，这里是达摩祖师和紧那罗王，后者被称为少林寺棍术创始人。

大雄宝殿前，除了寺庙常见的钟、鼓二楼外，树立着几块不同寻常的石碑，它们与少林寺的辉煌历史休戚相关。一块为《皇帝嵩岳少林寺碑》，俗称《李世民碑》，它刻立于开元十六年（728年）。正面是李世民告谕少林寺寺主等人的教文，表彰了少林寺僧人助唐王平定王世充的战功，碑面有李世民亲笔草签的“世民”二字，以及唐玄宗李隆基御书的“太宗文皇帝御书”七个大字。背面刻的是李世民《赐少林寺柏谷庄御书碑记》，记述了十三棍僧救唐王的故事，曾轰动一时的影片《少林寺》，就是根据这个故事编剧拍摄的。另一块为《小山禅师行实碑》，记述了少林寺曹洞宗第24代传法禅师的经历和重振少林禅宗的功德。它的背面是《混元三教九流图赞碑》，上面刻有佛、道、儒三教混元图像，此碑反映了嵩山是佛、道、儒三教荟萃之地，体现了三教合流的重要思想。还有一块名碑为《乾隆御碑》，立于乾隆十五年（1750年）。碑文是一首五言诗：“明日瞻中岳，今宵宿少林，心依六禅静，寺据万山深，树古风留籁，地灵夕作阴，应教半岩雨，发我夜窗吟。”该诗形象地描述了当时少林寺的景象及乾隆大帝亲历少林寺的感受。

立雪亭又称达摩亭。殿内供奉着达摩坐像和其他禅宗祖师像，悬挂着乾隆皇帝的御笔题匾“雪印心珠”。达摩亭虽然建筑不大，却有一个动人的故事。据佛经记载：达摩来到少林寺后，有一个中国高僧神光也追随而来，虚心向达摩求教，被达摩拒绝，神光并不灰心。达摩到石洞面壁坐禅，神光便侍立其后，达摩回寺院料理佛事，神光也跟回寺院，神光对达摩精心照料，形影不离。就这样日复一日，年复一年。公元536年冬天的一个夜晚，达摩在达摩亭坐禅入定，神光依旧侍立在亭外，这时天上下起了大雪，大雪很快淹没了神光的双膝，神光仍双手合十，一动也不动，虔诚地侍立在亭外。第二天早上达摩开定后，见神光站在雪地里，就问他："你站在雪地里干什么？"神光回答说："求师傅传授真法。"达摩说："要我传法给你，除非天降红雪。"神光解意，抽出戒刀，砍去了自己的左臂，鲜血顿时染红了白雪，达摩心动，遂把衣钵法器传给了神光，作为传法的凭证，并为其取名为"慧可"。所谓"衣钵真传""断臂求法"的典故均来源于此，后来一直为禅家所传诵。后人为纪念二祖慧可立雪断臂，又称"达摩亭"为"立雪亭"。

少林寺从某种意义上说也是少林武术的代名词。少林寺的每一处景观似乎都在散发着少林武术的气息。千佛殿内的砖铺地面上至今还保存着4排48个站桩坑，是往昔寺僧练拳习武时的脚坑遗迹。脚坑分布面积不大，呈线状，它是僧人刻苦练功的见证，反映出少林拳"拳打一条线"的特点。观音殿的墙壁上留有清代绘制的少林拳谱，回廊里的泥塑、木雕形象地展示了少林寺武术的缘起、发展、练功、精华套路、国防功能、僧兵战迹、武术活动等内容，共陈展14组216个锤谱像，内容有坐禅、各种拳术、练基本功、十三棍僧救秦王、月空法师平倭寇以及俗家弟子习拳练武等，所以又叫锤谱堂。据说比照这些塑像姿势就可以练习少林功，所以有人说："锤谱堂里五分钟，出来一身少林功"。

2010年8月，联合国教科文组织将包括少林寺在内的登封"天地之中"历史建筑群列入《世界遗产名录》，少林寺这份宝贵的文化遗产正在进一步发扬光大。

花溪公园

在多石、多山的七彩贵州，有一处以山水风景为主的私家园林，它就是贵阳市花溪公园，如今，它正成为贵阳人休闲娱乐的大众公园。

花溪原名“花仡佬”，与仡佬族曾在此居住有关。花溪公园所在的花溪河自古有名，明崇祯十一年（1638 年），徐霞客由贵阳前往长顺，在《黔游日记》中，对花溪流经的地方就有五次记载。据传，清代嘉庆、道光年间，当地柏杨寨塾师周奎家，65 年中，接连有五人科举高中。周家觉得地方灵秀，于是先后在麟山建楼，龟山筑阁，蛇山种柏，缀以双亭，并在河中修堤筑坝。周奎长子周石藩还修了一座庭园，取名“借花草堂”。从此，花溪山水初露光彩。1938 年至 1939 年，贵州县长刘剑魂将放鹤洲一段辟为风景区，并改“花仡佬”之名为“花溪”。1940 年，贵州省政府又在此基础上建了“中正公园”，即花溪公园。

花溪公园在布局上四山夹一水、一水带四山，山环水绕，相得益彰。四山即麟山、蛇山、龟山、凤山，一水即花溪河。麟山、龟山最为出色，麟山最高，山顶独石嶙峋，像麒麟角，所以得名麟山。由山顶倚天亭俯瞰，全园景观一览眼中；龟山形如寿龟，匍匐在园中，山上建有一座楼阁，供游人闹中取静，品茗对弈。几座山山形山势各不相同，奇巧多姿。

由于布局奇特，长期以来，人们称颂游览花溪公园有三奇：山腰有一洞，深入洞中，横穿花溪河床，可听见流水声，这是一奇；在蛇山、龟山对峙中，拦腰有一水，水上搭桥，过桥则为碧云窝，置身其间，恍若与尘世隔绝，这是二奇；河上有一桥，花溪河上有石磴弯弯曲曲置于河坝上，一步一磴，称为百步桥，游人临水而行，拾磴过河，飘飘欲仙，这是“三奇”。花溪三奇形容的是花溪山水之美，形象生动，令人未见其形，已知其貌。

花溪公园之美离不开水，也就是花溪河。花溪河之所以取名花溪河，也含有繁花似锦、溪水长流之意。花溪河畔有小山数座参差其间，或突兀孤立，或蜿蜒绵亘，形成方圆十多公里的名胜风景区域。它包括“十里河滩”“天河潭”“高坡民族风情和自然风光”“青岩古镇”“黔陶幽境”等8个景区。花溪公园依山建园，山景水景融为一体，碧山绿水；公园内四季花木争奇斗艳；园内的平桥、坝上桥、放鸽桥、芙蓉洲、松柏园等各类景点建筑风姿绰约。陈毅元帅游花溪后，对花溪公园的山水风景极为赞赏，曾留下“真山真水到处是，花溪布局更天然”的诗句。

花溪公园的历史人文景观亦极其丰富，1944年5月8日晚，巴金和萧珊在花溪举行了只有他们两个人参加的婚礼，从此搀扶着走过几十年。“憩园别墅”原名“花溪小憩”，也称东舍，巴金当年就在这里写就了著名的小说《憩园》，巴金还在小说后记里记下了这一段生活。巴老肯定没有料到，几十年后他的“粉丝”们将东舍一角辟出，建成了巴金纪念馆。1960年4月底，周总理出国访问中途，回国作短暂休整，就下榻于花溪公园坝上桥旁的西舍，并在坝上桥下乘船游览，留下了珍贵的留影。国民党抗日名将戴安澜将军1942年在缅甸战场殉国后，先葬于云南昆明圆通寺，1944年移葬于花溪河畔的葫芦坡，后来于1947年再次迁葬到安徽芜湖的赭山公园，花溪公园因为戴安澜将军之墓，多了一处爱国主义教育基地。

花溪一向是人们吟咏的对象。任过清代云南巡抚、云贵总督的吴振棫赋诗赞曰：“始觉田园好，村烟带阁斜。”清末进士、礼部主事、民国年间出任过贵州文献征集馆馆长的杨恩元为花溪写有130句的长诗，诗中有“筑垣更恢奇，随处堪游钓；近郊三十里，花溪名久噪”的诗句。刘海粟大师则从花溪的自然山水，想到了海峡对岸的故人，吟出了“举世乡音最有情，花溪飞瀑唤归人”的诗句。老一辈革命家朱德、董必武等游览花溪公园时，也都写下过激情的诗篇。一座公园引来这么多文人骚客、伟人志士，留下这么多美妙文字，实属罕见。

花溪公园无论于景于情，都值得人们去欣赏去发现，正如著名作家陈伯吹先生所言，“过贵阳不上花溪，如入宝山而空手归来。”

岳麓书院

在风光旖旎的岳麓山下，有一座闻名中外的古代书院，它就是中国古代四大书院之一的岳麓书院。

岳麓书院建于北宋开宝九年（976 年），由潭州太守朱洞在僧人办学的基础上创立。一千余年来，这所誉满海内外的著名学府，历经宋、元、明、清时势变迁，直到 1926 年更名为湖南大学，今天它作为长沙的名胜古迹之一，也是湖南大学的下属机构，以它千年不变的书卷气，依旧坐落于美丽的岳麓山畔，迎接着四海宾朋。

岳麓书院现存建筑大部分为明清遗物，主体建筑有大门、二门、讲堂、半学斋、教学斋、百泉轩、御书楼、湘水校经堂、文庙等，各部分互相连接，完整地展现了中国古代建筑气势恢宏的壮阔景象。依照功能区分，岳麓书院的古建筑群分为教学、藏书、祭祀、园林、纪念五大建筑格局。除建筑文物外，岳麓书院还以保存大量的碑匾文物闻名于世，如唐刻“麓山寺碑”、明刻宋真宗手书“岳麓书院”石碑坊、清刻朱熹“忠孝廉洁碑”、欧阳正焕“整齐严肃碑”等。

与宅院式的私家园林不同，岳麓书院的每一栋建筑，每一间院落，每一条小径，无不散发着浓厚的书卷气，无不留有文人骚客的足迹。书院大门始建于宋代，清同治年间重建，其牌匾的来历非同一般，“岳麓书院”四个字

为宋真宗字迹。北宋年间，宋真宗听说岳麓书院办学出色，又听说山长周式以德行著称，特别召见了周式，拜为国子监主簿，请他留在京城讲学做官，但周式心系岳麓，仍请归院，皇帝于是亲赐“岳麓书院”御匾悬挂于大门正上方，并赐经书等物，岳麓书院从此名闻天下，前来求学者络绎不绝，成为北宋四大书院之一。

讲堂位于书院的中心，是教学重地和举行重大活动的场所，也是书院的核心部分。岳麓书院初建时，即有“讲堂五间”。南宋时期，著名理学家张栻、朱熹曾在此举行“会讲”，开中国书院会讲之先河。讲堂中最为引人注目的是两块古匾，悬挂在大厅中央。一块为“学达性天”，由康熙皇帝御赐，意在勉励张扬理学，加强自身的修养，原额被毁，1983 年依康熙字迹重刻。另一块为“道南正脉”，由乾隆皇帝御赐，为原物，它是皇帝对岳麓书院传播理学的最高评价，表明了岳麓书院在中国理学传播史上的地位。讲堂壁上还嵌有十多方极有价值的碑刻文物，如由朱熹手书、清代山长欧阳厚均刻的“忠孝廉节”碑等，这些都是我国书院教育的重要史料，具有较高的研究价值。

讲堂两旁有南北二斋，分别为教学斋和半学斋，均为昔日师生宿舍，过去学生大量的时间就是在这里自修。书院建斋舍历史悠久，宋朝初年建斋舍 52 间，现存建筑为光绪年间改学堂时改建，始定名教学斋、半学斋，以适应教学、办公的需要。“教学斋”斋名出自《礼记·学记》，“半学斋”斋名源出《尚书·说命下》。

湘水校经堂亦为书院讲堂，始建于明嘉靖年间。清道光年间，湖南巡抚吴荣光创办湘水校经堂，设于今船山祠处，并亲题门额。湘水校经堂在岳麓书院内办学前后共 45 年，清光绪元年（1875 年）从岳麓书院迁到城南天心阁附近。原堂址改建为船山祠，并将吴荣光亲题的“湘水校经堂”堂额留于明德堂以作纪念。

藏书楼是体现我国古代书院讲学、藏书、祭祀三大功能之一的藏书功能的主要场所，岳麓书院创建时期即建有书楼，后名称几经变更，位置也有所变动，至清康熙二十六年（1687 年），巡抚丁思孔从朝廷请得十三经、二十一史等书籍，于是建了御书楼。清代中期，岳麓书院御书楼已发展成为我国民间一座较大型的图书馆，藏书 14130 卷。今天的御书楼仍然作为古籍图书馆供书院教研人员使用，藏书数量已逾五万册，大型工具书如《四库全书》、《续解四库全书》、《四部丛刊》、《四部备要》、《古今图书集成》等均有珍藏。

麓山寺碑亭位于园林南侧。亭内收藏有著名的“麓山寺碑”。麓山寺碑是我国现存碑刻中影响较大的一块碑，由唐开元十八年（730 年），著名书法家李邕撰文、书写并镌刻，因文、书、刻三者俱佳，故有“三绝碑”之称。碑侧碑阴有宋代大书法家米芾的题刻。

百泉轩始建于北宋之初，地处岳麓山清风峡谷口，溪泉荟萃，乃岳麓书院风景绝佳之地。南宋乾道三年（1167 年），书院重建后，张栻任山长，主持讲学，远在福建的朱熹慕名而来，访院讲学，他与张栻“聚处同游岳麓”，“昼而燕坐，夜而栖宿”。据传，他们两人一见如故，在百泉轩中，谈论《中庸》之义，连续三昼夜不息。那一次，朱熹在岳麓、城南两书院讲学两个多月，引得四方学者云集，有“一时舆马之众，饮池水立涸”之盛况。27 年后，1194 年，65 岁高龄的朱熹任湖南安抚使，他又一次来到长沙岳麓书院。他在任期间，岳麓书院规制一新，并进行了扩建，他还建立了补助贫寒学生的制度。当时，前来求学者很多，有“书院一千徒”之说。

岳麓书院有着悠久的办学历史，也有着值得荣耀的教育成就，它曾经是中国文化史、中国教育史上的骄傲，今天，它作为湖南大学的下属机构，薪火相传，必将继续发挥着教书育人的作用。

余荫山房

在广州市番禺区，有一座名称朴素、声名远播的私家园林，它就是被誉为岭南四大古典私家园林之一的余荫山房，也是四大名园中保存原貌最好的古典园林。

所以叫余荫山房，据说是园主人为了纪念先祖的福荫，取“余荫”作为园名，又因为庭园地处偏僻的山野村岗，所以用了“山房”，实际上是主人自谦的用法。

山房主人的邬彬，是清朝举人，官至刑部主事，任七品员外郎。邬氏一门读书取士，极有声誉，邬彬的两个儿子也先后中了举人，因而有“一门三举人，父子同登科”之说。邬彬告老归田后，隐居乡里，开始建造私家宅园。宅园于同治三年（1864 年）动工，历时 5 年，同治八年（1869 年）竣工。一座私家宅园耗时 5 年才建成，可见宅园之讲究，非一般人家能比。这与邬彬的经历和修养有关，也与他的雄厚经济实力有关，邬彬为官时期，建园之风盛行，他为官多年，见多识广，对园林建筑有浓厚的审美情趣。他在京期间，就曾请苏杭画家绘制余荫山房景观图纸，以待日后退职回乡后实施。后来，他建造宅园时，又聘请了名工巧匠，吸收了苏杭庭园建筑艺术之精华，结合闽粤庭园建筑艺术之风格，兴建了这座特色鲜明、千古流芳的名园。

余荫山房坐北朝南，以廊桥为界，将园林分为东、西两个部分。余荫山房吸收了苏杭庭院建筑艺术风格，以小巧玲珑、布局精细的艺术特色著称，以“藏而不露”和“缩龙成寸”的手法，在有限的空间里分别修建了深柳堂、榄核厅、临池别馆、玲珑水榭、来薰亭、孔雀亭和廊桥等建筑，在面积并不大的山林里，浓缩了园林的主要设施和景致，使有限的空间注入了幽深广阔的无限佳景。园中的砖雕、木雕、灰雕、石雕等四大雕刻作品丰富多彩，尽显名园古雅之风。“夹墙竹翠”、“虹桥印月”、“深柳藏珍”、“双翠迎春”四大奇观，声名远播，成为山房的特色景观。

深柳堂是园中主体建筑，是装饰艺术与文物精华所在。堂内摆设有桃木扇格画橱、紫檀屏风，皆为木雕珍品。堂内还珍藏着名人书画，其中就有清乾隆时期大学士刘墉的书法手迹——“韩持国在洛中作诗云：‘闭门读易程夫子，宴坐焚香范使君。顾我未能忘世乐，绿樽红芰对斜曛’。”堂前有两棵老槐树，颇有传奇色彩。据说邬彬供职刑部时，由于尽力为朝廷做事，一家三代受到咸丰皇帝封赏。咸丰帝下诏赞许邬彬的祖母罗氏，说罗氏受封所得到的光彩，好像身上穿上一件用锦鸡羽毛编织、闪耀着红色光辉的衣裳。邬彬听皇帝这么一说，心想，锦鸡喜欢栖息榆树，若种榆树，能吸引更多锦鸡，既可昭示邬家的荣耀，又可以鼓励邬氏后人，最合适不过，于是在深柳堂前筑起两座花坛，种上了榆树。如今，这两棵榆树壮如蟠龙，绿荫遮天，十分壮观，恰好与园的名字相映衬。

临池别馆是园主人即席挥毫的书斋。园主人把书斋起名为“临池别馆”，别有来意。据说古时候的文人雅士面对别馆前临池美景，以墨砚为“池”，蘸砚挥毫称为“临池”，因此，用“临池”来命名这处馆舍。如今，虽不见主人挥毫泼墨，但是临池别馆是观景的好去处，尤其在夏日，荷花满池，清香四溢。

东半部的中央为一八角形水池，池中有八角亭一座，名“玲珑水榭”，原是赋诗把酒、吟风弄月之所，自古以来已形成了著名的八景。对于八景，有一首五律诗概括得很好：“丹桂迎旭日，杨柳楼台青；蜡梅花开盛，石林咫尺形；虹桥清辉映，卧瓢听琴声；果坛兰幽径，孔雀尽开屏。”中国园林建筑艺术风格独特，强调诗情画意。“玲珑水榭”之所以远近传名，就因为它既有诗情，又有画意。

余荫山房南面还毗连一座小瑜园，楼高两层。它是在余荫山房落成后20年，由园主人的侄儿邬中瑜添建的，是女眷居住的地方，又称“小姐楼”。楼中布置清雅，是琴棋书画、梳妆刺绣、拜佛念经的好地方，过去除女子之外，一般男人是不能进内的。瑜园现已归属余荫山房，两园并在一起，相映生辉。

佛山梁园

在广东佛山，有一处集住宅、祠堂、园林三者为一体的大型园林，它就是岭南四大园林之一的梁园。佛山梁园实际上是佛山梁氏宅园的总称，1984 年重修后改称梁园。梁园主要由“十二石斋”、“群星草堂”、“汾江草芦”、“寒香馆”等不同地点的多个建筑群体组成，规模宏大。

梁园由乾隆年间的进士梁蔼如与其侄子梁九章、梁九华及梁九图叔侄四人，于清嘉庆、道光年间陆续建成，历时 40 余年。但是，梁园在后来日渐荒废，到民国初年，已濒于湮没。后来经过 1982 年、1994 年两次较大规模的重修，现在的梁园基本重现了昔日名园的风采。

梁园的主要建筑有佛堂、宅地、刺史家庙、荷香水榭、群星草堂、秋爽轩、船厅、日盛书屋、汾江草庐、无怠懈斋等。园中亭台楼阁、石山小径、小桥流水、奇花异草布局巧妙，尽显岭南建筑特色。不仅如此，梁园还珍藏着历代书家法帖。秀水、奇石、名帖堪称梁园“三宝”。

奇峰异石是梁园最为重要的造景手段，这在群星草堂的石庭中有集中体现。

群星草堂是全园的重心，是梁九华于道光年间所建园林群总称，由草堂、客堂、秋爽轩、船厅和回廊组成。据说建筑风格取自明清小说《西厢记》的意境和插图，虽体量不大，但却小巧精致。梁九华自幼聪敏善文，为叔父梁蔼如所器重，淡于仕途，后不复出，在佛山经营银朱丹粉铺。凡是救济资助他人的事情，他都积极参与，数十年如一日。他还精通物理，喜爱书画，曾经得到宋拓本十三行，非常高兴，有人以重金求购，他认为不是知音，居然不让其观看一眼。梁九华晚年爱好藏石，营造园林，建群星草堂，以石头环绕左右。群星草堂的修建全由梁九华一人策划，建筑艺术十分高超。

最吸引人的莫过于群星草堂中的“石庭”。相传园主人十分喜爱石头，梁园搜罗的奇石达四百多块，有“积石比书多”的美誉。梁九华用精选的太湖石、灵璧石、英德石等石种叠石造景，大者高逾丈，阔逾仞，小者不过百斤。对这些石头适当打磨，或单或双散置各处，或立或卧，或俯或仰，位置妥帖，极尽丘壑之妙。奇石都根据形态取有独特的名字，如：“苏武牧羊”、“童子拜观音”、“美人照镜”等。景石大都修有台基石栏，间以竹木、绕以池沼。梁九华在以石造景时，讲究一石成形、独石成景，这在岭南私园中独树一帜。园主人通过对独石、孤石的整理，突显个体特性，在壶中天地中表达了对人的个性和自由人格的追求。

在汾江草庐一带，水石运用可说是别出心裁：既有一般的叠石置景，又有独石成景；既有潺潺流水，又有一泓湖水，湖中有鱼，动静结合，令人赞叹。岸边有一座造型优美的石舫。遥望湖面，则见一块形态奇特高约3米的石块屹立于湖中，此石名叫“湖心石”。湖心石周围有白鹅及鸳鸯戏水，营造了一处“白毛浮绿水，红掌拨清波”的意境。

汾江草庐为梁九图所建。据传，梁九图在出生前，父亲梁玉成梦见东汉书法家张芝前来拜访，而他的母亲临盆之际，一家人都看到一“古衣冠人”从门口进入，但是忽然就不见了，当家人找寻之时，梁九图已经出世。父亲遂将他取名“九芝”，后来才改名“九图”。梁九图自小聪明异常，儿时便能诗善画，其诗作得到朝廷重臣的赏识，这使得人们更加认为梁九图是张芝转世、书家再生。可是，长大后，梁九图对仕途不感兴趣，喜欢畅游名山大川，结交文人墨客。梁九图还喜欢研究和著述，著有《十二石山斋诗集》等多部著作。正是他这种好结交、乐助人、喜山水、爱书画的性情，使得他十分愿意营建园林，十二石山斋和汾江草庐便是他造园的杰作。

寒香馆是梁园主人品鉴书画、吟风弄月的场所，为梁九章所建。梁九章善于画梅，喜欢收藏品鉴古今书法名画，在京师和四川为官时，他收集了大量碑帖，用于品鉴和临摹。晚年，唯恐所收藏的碑帖湮灭，于道光十六年（1836 年），选择珍藏碑帖中尤为欣赏的 22 种刻于端州石砚上，以求永存和方便族人学习，这就是有名的《寒香馆法帖》。这套法帖包括了晋朝张翼的《王羲之书》、米芾的《春和景明贴》等名家碑帖，另外汇集了当时许多名士的题跋，这些题跋也是不可多得的书法作品。《寒香馆法帖》与吴荣光的《筠清馆法帖》、叶梦龙的《风满楼法帖》并称为清代岭南三大名帖。

所谓秀水，是指梁园的群星草堂和汾江草庐一带，旧称大塘，池沼众多，水面开阔。由于这个有利条件，梁园利用了现成的湖池溪涧，大做水景文章，形成了岭南园林中少见的大面积绿水荷池，营造出了水木常青、涧流潺潺、回浦烟媚等多种变化。

佛山梁园以其鲜明的岭南特色著称，梁园三宝又为其增添了丰厚的内涵，难怪著名古建专家罗哲文先生评价它是“岭南第一园”，它在岭南园林史上的确竖起了一座丰碑。

清晖园

清晖园的“清晖”是指和煦普照的日光，取这个名字是隐喻父母的恩德。据说1805年，龙廷槐将父亲遗留下来的废园修葺扩建，取名“清晖”，以侍奉母亲，以报三春晖。龙廷槐曾中过进士，任翰林院编修，候补御史。后来辞官南归，筑园奉母。他的儿子龙元任请江苏武进进士、书法家李兆洛书写了“清晖园”三字于园的正门上方，以喻父母之恩如日光和煦照耀。后来便称为清晖园。不过，清晖园几经兴废和维修，直至1996年，才对外开放。

清晖园内有大量装饰性和欣赏性的陶瓷、灰塑、木雕、玻璃。其中，一套清朝乾隆年间评定的“羊城八景”玻璃珍品，分别取名为白云晚望、大通烟雨等八个名字，这是一套目前仅存于世的清代旧羊城八景套色雕刻玻璃珍品，已被初步鉴定为国家一级保护文物。清晖园中还有一处窗玻璃，据说是仅存于世的清代“八仙图”所余下的，也是不可多得的文物。

碧溪草堂据传是清晖园最早建筑。有人从名字推测，早先应是龙氏供母之处，可能老人西去之后才定名“草堂”。草堂明间有著名的百寿图，用隶书、篆书和鸟虫书体镌刻有形态各异的“寿”字。通常“百寿图”都是百字构成，而龙家子弟所作此“百寿图”偏偏只有 96 个“寿”字，个中原因至今莫衷一是。草堂槛窗下嵌着一幅题为“轻烟挹露”的百年砖雕，刻有竹子图案，技法娴熟。砖雕题跋：“未出土时先引节，凌云到处也无心”，表明了筑园者的志向。碧溪草堂接待过邓小平、薄一波、何香凝等名人。1962 年，郭沫若在草堂欣然提笔，写下一首七律诗，盛赞草堂“弹指经过廿五年，人来重到凤凰园。蔷薇馥郁红逾火，芒果茏葱碧入天。千顷鱼塘千顷蔗，万家桑土万家弦。缘何篁竹犹垂泪？为喜乾坤已转旋”。诗作一出，很快便赢得四方赞誉，如今这首七律诗已被制成石刻永久保存。

船厅又称小姐楼，是清晖园的主体建筑，也是精华建筑之一。相传是模仿昔日珠江紫洞艇的样式建成，传说，当年清晖园主人有一位掌上明珠，主人特意为她建造此临水船厅作为闺房，所以叫小姐楼。船厅为二层楼屋，与南楼一起形成船的前舱后舱。船厅里面有许多栩栩如生的雕刻，一处蜗牛图案雕刻尤为可爱，为船厅增添了不少奇趣。

清晖园中有许多名贵树木，如银杏、木兰、木棉等，它们与清晖的建筑一样，具有厚重的历史和底蕴，成为清晖园历史积淀的一部分。最为珍贵的是一棵玉堂春，即木兰树。相传，玉堂春为功名树，只有获取了功名的人才有资格拥有这样的珍贵树木。龙廷槐的孙子龙耀衢曾到开封参加顺天乡试，本来满怀信心的他不料名落孙山，十分失落的他于是打点行李，北上京城，游山玩水。有一天，他在颐和园看见了几棵高大的树木，十分可人，便向园丁请教树名，老园丁告诉他叫玉堂春，并且告诉他说一般人家没资格种这种树。可是龙耀衢一心想种这种树，便问哪里购得种子。园丁告诉他，到苏州可以试试。他于是到苏州四处打探，终于购得两棵玉堂春。回到家，将两棵玉堂春栽在清晖园内，不料有一棵意外死去，只剩一棵，龙耀衢悉心呵护，使得这棵一直枝繁叶茂，至今仍十分健壮，成为园中主要景点之一。

还有一棵珍贵的树种，那就是木棉树。它在船厅后面，每年春天，都开满艳若胭脂的木棉花，如漫天彩霞，映照着南天一角。每到暮春，凋落的木棉花满地落红。不过，仔细观察这些木棉花，会发现是粉红色，边和底都是白色，所以又称白木棉，它是清晖园中的极品树种。老人们以前流传着一句顺口溜叫“先有白木棉，后有清晖园”。也就是说白木棉的历史比清晖园还要长。

清晖园的风流清雅，除了体现在名字上，更多的是见于一群名士才子的轻吟浅唱，古往今来，不少到过清晖园的文人骚客，都留下了精彩的诗文佳作。风流倜傥的探花郎李文田，曾任过翰林院编修等多种职务，他曾力谏阻止慈禧重修圆明园，后又上书慈禧，反对她六十大寿过分铺张，他还极力反对《马关条约》割地赔款。他在京为官时就已与龙家交往密切，后来，并将其掌上明珠许配给了龙廷槐的曾孙龙渚惠，清晖园几乎成为他的另一个家，花前柳畔，幽径回廊，无不充溢其笔趣诗情。清晖园归寄庐的匾额，就出自他的手书。李文田还喜爱收藏，为清代重要藏书家之一，可惜他遗存在清晖园中的几千册藏书和大量珍贵的拓本，皆于战乱中毁失殆尽，剩下的竟被白蚁蛀损毁坏，令人十分可惜。如今清晖园只留下李文田的几个题字，引发人们对这位昔日才子的丝丝怀想。

东莞可园

可园名称的由来十分有趣，据说当初园主人想取名“意园”，意思是满意，在未正式定名前，有一次邀了几位友人来商量，友人们来后，边游园边商量，一时拿不定主意，只是异口同声称赞“可以、可以”，没承想言者无心，听者有意，园主人就根据友人们说的“可以”两个字，将园命名为“可园”。

这位颇具幽默感的园主人便是张敬修。张敬修到底是什么人呢？应当说，他是那时东莞难得的人才。他生活在清朝道光、同治年间，文武全才，精通琴棋书画。他早年从军，曾以捐钱得官，任过广西按察、江西布政使，后受到曾国藩排挤，被免职回乡，便在东莞修建可园。张敬修建园比较考究，他聚集了画家和两广名流，吸收了他们的造园建议，付之于建园实践，使可园建造得十分完美。他在与这些画家和名流交往中，还留下了不少关于可园的手稿，成为可园难得的文化财富，也是今天研究可园历史的宝贵资料。

可园虽然占地面积不大，但园中建筑、山池、花木等景物却十分丰富。张敬修在造园时，运用了“咫尺山林”的手法，利用有限的空间再现大自然的景色。可园由庭院和可湖两部分组成，主要建筑有草草堂、擘红小榭、花之径、环碧廊、双清室、邀月阁、滋兰台、问花小院、狮子上楼台、博溪渔隐廊、可亭、诗窝等。全园的精华部分在庭院部分。

可园的建筑艺术有两大特点，其一：四通八达。把孙子兵法融汇在可园建筑之中，成为整座园林的一大特色。全园亭台楼阁，堂馆轩榭，桥廊堤栏，共有 130 多处门口，108 条柱栋，整个布局有如三国孔明的八阵图，人在园中，稍不留神，就像进入八卦阵一般，极可能会迷失路径。其二：雅意文风。张敬修虽然身任武职，但对琴棋书画造诣颇深。所以整个庭园虽偏于武略，但局部都显得文风雅意极浓。

可堂是可园的主体建筑，也是最庄严的建筑，楼高四层，在当时的私家园林里四层高的楼是比较高的建筑了，由于可堂比较高，登四层可以一览全园景致。楼前有曲尺形水池，楼四周缀以花台、花径、假山，由环碧廊贯串起来，构成整体。可园虽是一个小楼阁，但是在国画界却颇有名声，它是岭南画派的策源地之一。这主要是由于可园与居巢、居廉两位画家有关。居巢、居廉为堂兄弟，与张敬修为同时代人，他们都与张敬修是好友。张敬修为居巢在军中谋过职，又资助其作画，张敬修辞官返乡，居巢于是与其同行，后来，居巢长久居住在可园，潜心书画，擅长画山水花鸟和人物。为了居巢画画，张敬修还买来大量奇花异草，栽遍可园，供居巢写生，为其绘画提供了很好的环境和条件。居廉也应张敬修之邀，在可园客居多年，他那时就住在可堂，经常对着可园的花草写生，他还常与张敬修的侄子、画家张嘉谟切磋画技，常常一起作画，张嘉谟为居廉作了不少题画诗，留下许多吟咏。居巢、居廉二人在可园创造了很多艺术佳作，还创新不少画技，他们凭着在画坛的地位，被称为岭南画派的鼻祖，可园也因为两位画家的客居，增加了艺术含量和文化底蕴。

绿绮楼因珍藏过“绿绮台琴”而得名。此楼按照古制“陕而修曲”修建而成。所谓绿绮台琴，是岭南四大名琴之一，该琴制造于唐武德二年，距今已有 1300 多年历史，琴底颈部刻有“绿绮台”三个字。此琴原为明武宗朱厚照所有，后来为抗清志士、南海人邝露所得。邝露恃才傲物，放荡不羁，据说，他一生最珍爱“绿绮台”“南风”两张古琴，出游必随身携带两张琴。清兵入粤时，邝露与其他明朝将领拼力死守广州城，力战十多个月，后来广州城陷落，邝露抚琴边奏边歌，绝食而死，死时还怀抱“绿绮台”。这张琴后来被张敬修购得，张敬修专门修建了绿绮楼珍藏此琴。可惜后来，张园衰落，辛亥革命后，此琴外流到张敬修的同乡邓尔雅手中，邓尔雅后来在香港也建造了绿绮园，珍藏此琴。如今，可园的绿绮园虽然不见绿绮台琴，但是因为绿绮台琴的传奇经历，加上这里设了琴、茶、书等聚会交友的项目，使这座普通的小楼也成了人们追思怀旧的场所。

双清室是可园的又一胜景，楼前有一水池，池中有荷花，楼侧有竹林，环境十分优雅，建筑的名字就是从“荷竹双清和人境双清”一句得来。双清室的结构十分奇妙：堂中的建筑、地面、天花、窗扇、室内家具等皆用繁体的“亚”字为图，相传亚字是吉祥之字。双清室是园主人用来吟风弄月的地方。

由于可园创建人张敬修诗书画皆精，可园从建筑，到布局，到摆设，都极用心思，使这座园林具有浓厚的文化气息，自然风景与人文色彩相互交融，成为广东园林的珍品。居巢在《张德甫廉访可园杂咏》中，有两句精彩的诗句“水流云自还，适意偶成筑”，可以说是可园气韵的极好概括。

漳州汴派园

在汴派园游览，总是能想起南宋的往事，这个偏安的王朝杭州灭亡后，主子颠沛流离，一路逃亡到福建、广东，最终，王朝的幼主在海南被大臣怀抱投海，从此结束了南宋的历史。有幸的是，南宋皇帝的血脉没有断，其另一支赵姓后裔在福建延续，这便是汴派园的主人。

汴派园最初的主人是赵范，他在外做官发家后，衣锦还乡，于1592年开始修建汴派园，他主要修建了以完璧楼为主的旧城，后来为了家族繁衍需要，也为了防御倭寇，他的儿子赵义继续扩建，增建了外城及其中建筑，外城即新城。赵家城前后近20年才建成，形成了一座集居住、休闲、礼佛、防御于一身的城堡式建筑。

汴派园坐落于赵家城东南部，从建园开始，每一块砖瓦，每一进庭院，无不反映着主人对前朝的怀念。旧城中的完璧楼，取的就是完璧归赵之意，他们何时不想再回到大宋一统的时代。可是岁月沧桑，赵氏家族再也没有找到过大宋王朝时的荣耀，如今的赵家城，已丝毫看不出皇家气派，大部分遗迹已不复存在，也许当初就没有雕梁玉砌，只是它毕竟还姓赵，似乎在默默地显示着它曾是南宋赵姓皇族的家园。

实际上，赵氏家族逃亡到福建时，已是诚惶诚恐，可即便如此，他们依旧没有放弃对皇家生活的奢望，从汴派园的布局和建筑就能看出端倪。这个占地4万平方米的宅园，与其他江南园林不同的是，以怀念宋王朝旧景旧事为出发点，构思布局建园，它把宅院、寺庙与园林结合在一起，形成了建筑与山水、园林融为一体的宫苑式布局。

汴派园大致可分为东部的丘陵高地自然林景区、南部的丘岗园景区、西部的湖池水景区，三个部分环绕赵家城主要的府第建筑，彼此间用道路相连，成为一个园林整体。

西部水面景区开阔但是不单调，有长堤、石桥贯穿其中，湖面种有荷花，盛夏季节，满湖荷香，汴派桥像一条长龙卧伏在水面，连接着两岸的风景，延伸了湖面的意境。这座桥与一般桥的不同之处在于，一桥两样式，它由两部分组成，两端是石板平梁桥，中间是石拱桥，如此设计显得既有变化又有意趣。当然人们经过此桥，更多的注意力并不在桥本身，而是在它的名字。汴派桥，顾名思义，是寄希望于大宋旧都汴京能够派流到此。据说汴派园名称即由此而来，无论桥与园，一个“汴”字立刻能把人的心思从福建漳州拉到万里之外的河南开封（北宋都城汴京），由此充分体现了对大宋旧都汴京的怀念，也反映出亡国后赵氏后人永久的心痛。

丘岗园景区是汴派园的核心，官厅府第、寺庙建筑主要集中于此。走近这个景区，首先看到的是路旁的一块石碑，高 1.5 米，刻有“墨池”二字。熟悉书法史的人不难看出，这两个字是宋朝著名书画家米芾的字体。这其中有一段故事：米芾曾在安徽无为任过两年知州，他在任时，常在公务之余吟诗作画，府第门前有一块小池塘，为米芾洗笔处，池中多青蛙，米芾被蛙声困扰。有一天，他实在难以忍受，于是写了一个“止”字投入池中，从此蛙声不再，一池水也变成了墨色。米芾因此称小池塘为墨池，并立一块“墨池”碑立于池畔。后来，赵范也在安徽无为任知州，发现了米芾“墨池”碑，由于赵范喜爱米芾的书法，也因对前朝旧事的感念，遂将此碑拓印带回了漳州。30 多年后，他的儿子赵义扩建城堡，以赵范带回来的拓片请人刻石，立碑于莲花池畔，便有了汴派园的“墨池”碑。赵义还题写了一段碑记，记述了“墨池”碑的来历。这个墨池碑曾长期被掩埋，近年来才又被发现。如今，安徽无为的米公祠里，池塘边依旧立着米芾的墨池碑，漳州的汴派园睡莲池边立着另一块墨池碑，两块墨池碑远隔千山万水，却遥相呼应，其中姻缘留给了人们无尽的想象。当然，汴派园的墨池碑不仅让人们想起米芾，更能让人感受到赵氏后人对中原故土的淡淡思念。

遗憾的是，即使是汴派园核心景区，当年的建筑也踪迹难寻，零散的佛塔、寺庙遗址已经很难让人想象当年的情景。一鳞半爪的题字、刻石留给人们是太多的想象。印象深的是一块刻石遗迹，上有赵义题写的五言诗一首，一共八句，反映出赵义对自然景观有很深的感悟，也能看出他对园林艺术有较高的素养，难怪他能造出汴派园来。

令人意外的是，墨池不远处还有一处特别的遗迹——大禹庙遗址。遗址不大，文物不多，结构和布局也简单，只有门前的石碑耐人寻味，细看石碑，字体难认，依稀记述的是大禹治水的事迹。据说此碑原先在衡山，不知后来怎么到了这里。值得深思的是，大禹治水的故事似乎大多是流传在北方，黄河、长江、淮河流域有不少大禹治水的遗迹，在遥远的南方居然也有大禹治水的遗迹，实属罕见，是否也蕴含着赵氏家族的某种寓意呢？

很难想象赵氏家族当年隐居汴派园时是什么心境，从松竹村景区的遗迹看，赵义那时似乎过着崇尚读书的生活。赵义曾任宫廷文华殿中书舍人，这是一介不折不扣的文官，他不仅博学多才，也颇有寄情园林山水的雅兴，他在建造宅院时，没有忘记建造自己的书房。有一处叫辑卿小院的遗迹，就是以赵义的号命名的，这里有一块石头，刻有“读书处”三个字，不知何年何人墨迹，今天走近这块石头，见字思人，仿佛能听到久远的读书声。

汴派园在江南园林中是个特例，它是南宋皇族后裔所建，虽然没有皇家园林的大气和豪奢，但是依照自然，借景取势，亭台楼榭、山水林木间，依旧能体现出造园艺术的高超。只是这座园林的主人是一个消失了的王朝的皇族后裔，其造园思想及手法，难免还留有对皇家生活的眷念，对王朝逝去的惋惜，细细品尝其中滋味，有怀旧，有无奈，有苦涩。

林家花园

在台北县的板桥镇，有一处闻名遐迩的庭园，被称为台湾中国古典庭园的代表，它就是林家花园，它的建造者就是台湾著名的林本源家族。

“林本源”并非人名，而是林家的家号，溯其根源，林家第一代是于清乾隆四十三年（1778 年）自福建漳州府龙溪县（今龙海市）迁台的林应寅，他的儿子林平侯随其来到台湾，因为林应寅是读书人，在台湾自感仕途无望，不久就返回福建，留下儿子林平侯独自谋生。

林平侯初来台湾是在清嘉庆年间，那时，他只有 16 岁，在一家米店里当伙计。林平侯虽然年纪不大，却能吃苦耐劳，为人诚实且又勤快，很快就得到了米店老板的信任和赏识，老板不仅将自己的女儿许给他，还借钱给他创业经商。从小就聪颖非凡的林平侯于是开了一家米店，以贩卖淡水河流域的稻米为主。他很快就发挥了他的经营才华，赚了很多钱。后来林平侯又与人合股经办全台湾盐务，并兼营帆船客运及稻米批发生意，往来台湾大陆之间，收入更多，成为全台赫赫有名的大富商。富裕起来的林平侯没有恃财傲世，他将大量财富用于救济穷苦百姓，修建文庙、书院、考棚，开辟山路等公益事业，为当地发展做出了不小的贡献，也赢得了当地百姓的尊敬。晚年，林平侯将偌大的家业交给他五个儿子经营，并分别为他们各取名为饮、水、本、思、源五个家号，合起来为“饮水本思源”之意，就是要子孙不忘家乡、不忘祖籍。林平侯死后，他的三儿子林国华、五儿子林国芳率领众兄弟迁到台北县的板桥镇，在板桥镇大兴土木，先后建造了弼益馆、三落旧大厝、五落新大厝以及后花园，耗资 50 万两银子。林家兄弟在这里共产共居，取家号为“林本源”。这便是林本源庭园的来历。

林家兄弟当年建宅筑园时，不惜用重金礼聘岛内名手参加设计，仿照苏州狮子林的规制，亭台池榭都取自画意，同时在建筑风格上又体现祖籍地福建的情调，极尽富丽堂皇的效果，当时台北府城垣也在这个时期建造，花费银资20万两，而林家建筑的花费竟比台北府城的建设费用多了1.5倍，这足以想象其规模之大、规格之高了。林家花园经过祖孙三代一再扩建，为此花费了上百万银两，形成了最终的规模。林家花园鼎盛时期，总面积达17300多坪（每坪合3.3057平方米），是清代台湾规模最大的私家宅第。

林家花园是台湾最具代表性的仿中国古代庭园建筑。林家花园规模宏大，做工精美，用料考究，亭台楼阁错落有致，回廊院落纵横交错。林家花园的砖瓦及木材运自福建，其他石材取自台湾观音山。匠师聘自闽、粤等地，技艺精湛，石雕、木雕、砖雕、泥塑、彩绘及剪粘等工艺水准皆为当时之上乘。园内建有白花厅、汲古书屋、方斋、来青阁、戏台、观稼楼、香玉簃、月波水榭、定静堂等，与假山池沼一起构成了林家花园各式景点。庭园设计雅致，安排自然，不露斧痕。

整个庭园分成九区，每区皆有主题特色，分区间用屋、墙、假山、陆桥或是水池为屏障，使人无法一眼望见全部美景，具有在有限的空间中表现出无限的层次的感觉。定静堂是林家花园最大的建筑，名字取自《大学》里的“定而后能静”一句。定静堂是林家花园里唯一的四合院，是林家当年用来接待贵宾的正式场所，里面有许多名人字画和古董，雅致中带有书卷气。

林家花园最高潮的景点是“榕荫大池”。此景因有巨大榕树垂荫而得名。池的前方有假山点缀，那是当年林氏兄弟仿照祖籍地——福建漳州龙溪的郡山模样塑成，一派闽南情调，池边曲径通幽，绕池前行，凉亭、台榭无不各具风姿，每处景观均依照形象题名，如钓鱼矶、梅花坞等，园的屏墙蜿蜒若龙，出入门有方形、卵形、半圆形等多种形状，窗棂也有蝶、琴、竹、雨等多种形状，建筑技巧十分讲究。

林家花园地处台湾，可谓命运多舛，园林全部竣工后仅两年，台湾为日本侵占，林家举家迁居厦门鼓浪屿，林家花园也由此衰落。为寄托对台湾林家花园的思念之情，林家在鼓浪屿购地建造新花园，名曰“菽庄花园”。其中一些建筑物与台湾林家花园有惊人的相似之处，让人能联想到世事无情。然而不管怎么说，林家花园是一座著名的私家园林，它代表的不仅仅是一个家族的荣华。

武 侯 祠

在成都闹市区，有一处闹中取静的纪念性园林，它就是以三国文化为核心、以纪念诸葛亮为主题的武侯祠。

武侯祠最初建于西晋末年的十六国时期。据记载，诸葛亮因为治理蜀国有功，深受百姓爱戴。诸葛亮刚去世时，老百姓遇到节日都自动祭奠。当时，占据四川的李雄将诸葛亮视为“勤劳王事”的典范，第一次修建了孔明庙，那时是专门祭祀诸葛亮，与祭祀刘备（汉昭烈帝）的昭烈庙相邻。明代初期，蜀献王朱椿认为武侯祠香火旺盛，在百姓心目中地位高过了刘备，不合君臣礼仪，于是下令将武侯祠合并于昭烈庙中，实际上是在刘备殿的东侧增塑一尊武侯像，将诸葛亮降到陪祀的地位，后来均被毁。

现存的武侯祠为君臣合庙，主体建筑于康熙年间（1672 年）重建。当时为了不违背君臣关系准则，在正门上仍写着“汉昭烈庙”四个大字，实际上在民间称之为武侯祠，诸葛亮的地位十分突出。如今的武侯祠坐北朝南，主体建筑有大门、二门、汉昭烈庙、过厅、武侯祠五重建筑，严格排列在从南到北的一条中轴线上。以刘备殿最高，建筑最为雄伟壮丽。武侯祠后还有三义庙、结义楼等建筑。

武侯祠是国内纪念蜀汉丞相诸葛亮的主要胜迹，它是中国影响最大的三国遗迹博物馆，其中以文、书、刻号称“三绝”的《蜀丞相诸葛武侯祠堂碑》最为知名。

武侯祠大门内浓荫丛中，矗立着六通石碑，两侧各有一碑廊，其中最大的一通在东侧碑廊内，它就是唐代“蜀汉丞相诸葛武侯祠堂碑”，唐宪宗元和四年（809 年）立，有很高的文物价值，为国家一级文物。唐朝著名宰相裴度撰写碑文，书法家柳公绰（柳公权之兄）书写，名匠鲁建刻字，因都出自名家，文章、书法、刻技俱精，被称为“三绝碑”。碑文对诸葛亮的一生作了重点褒评，竭力赞颂诸葛亮的高风亮节，文治武功，并以此激励唐代的执政者。碑文特别褒奖诸葛亮的法治思想，马谡因失街亭被诸葛亮依法处斩，临刑，马谡哭着表示自己死而无怨；李严与廖立，两人都是被诸葛亮削职流放的罪人，但他们也自甘服罪，当他们得知诸葛亮病逝，“闻之痛之，或泣或绝”。这些均属史实，裴度据史褒评，令人信服，碑文通篇词句恳切，文笔酣畅，使人百读不厌。诸葛亮之所以为后人所敬仰，还因为他有着高尚的思想和作风，不利用职权谋私。

武侯祠

刘备殿在二门之后。正中有刘备贴金塑像，左侧陪祀的是他的孙子刘谌。据说，他的儿子蜀汉后主刘禅由于昏庸无能，不能守基业，其像在宋、明两代几次被毁，后来就没有再塑。在蜀汉后主刘禅降魏时，其子刘谌到刘备墓前哭拜，杀掉家人后自杀身亡。两侧偏殿，东有关羽父子和周仓塑像，西有张飞祖孙三代塑像。两侧东、西廊房分别塑有蜀汉文臣、武将坐像各 14 尊。东侧文臣廊坊以庞统为首，西侧武将廊房以赵云领衔。

武侯祠位于刘备殿后，需要下数级台阶，才能到达，象征古代君臣关系。诸葛亮生前封“武乡侯”，死后谥号“忠武”，故纪念他的祠堂称作“武侯祠”。殿内高悬“名垂宇宙”匾额，两侧为清人赵藩撰书“攻心”联，联文为“能攻心则反侧自消，自古知兵非好战；不审势即宽严皆误，后来治蜀要深思。”这是颇负盛名的一副对联，借对诸葛亮、蜀汉政权及刘璋政权的成败得失的分析总结，提醒后人在治蜀、治国时借鉴前人的经验教训，要特别注意“攻心”和“审势”。殿中供奉着诸葛亮祖孙三代的塑像，正中有诸葛亮头戴纶巾、手执羽扇的贴金塑像，像前的三面铜鼓相传是诸葛亮带兵南征时制作，人称“诸葛鼓”，鼓上有精致的图案花纹，为珍贵的历史文物。大殿顶梁由乌木制成，上书诸葛亮写给儿子诸葛瞻《诫子书》中“非淡泊无以明志，非宁静无以致远”。诸葛瞻及其子在绵竹抗击魏将邓艾的战斗中不幸身亡。

刘备墓又称“惠陵”。据说是由诸葛亮亲选宝地，葬刘备于此。《三国志·先主传》记载：“八月，葬惠陵”。据《谥法》，“爱民好与，曰‘惠’”，故名刘备墓称“惠陵”。陵墓中还合葬有刘备的甘、吴二位夫人。刘备墓前有清乾隆年间所立“汉昭烈皇帝之陵”石碑，陵墓建筑由照壁、栅栏门、神道、寝殿等组成。

武侯祠除了有丰富的三国文化遗存，还有极具人文精神的植物景观。杜甫《蜀相》中有诗句“丞相祠堂何处寻，锦官城外柏森森”，即是对整个武侯祠景象基调的描述。今天的武侯祠仍然保持了这一风貌，它是西蜀大地上集山林、人文于一体，极富诗情画意的风景名胜。

三苏祠

在唐宋八大家里，苏洵、苏轼、苏辙是一门三父子，号称“三苏”，三苏父子以其辉煌的文学成就彪炳史册，后人出于景仰，自元朝始，将他们在四川眉山市的故居改建为祭祀园林，以示纪念。

现存三苏祠为康熙年间在原址模拟重建，占地100亩。庭院红墙环抱，绿水萦绕，古木扶疏，翠竹掩映，形成三分水二分竹的岛居特色。三苏祠内珍藏和陈列着五千余件有关三苏的文献和文物，是蜀中最负盛名的人文景观。

三苏祠布局为东部祠堂，中西部园林。整个祠堂并不大，而建筑不少，主要有正门、前厅、启贤堂、来风轩、披风榭、瑞莲亭、百坡亭、碑亭、抱月亭、快雨亭、景苏楼、绿洲亭、半潭秋水一房山、疏竹轩门等。三苏祠建筑的建造时间各不相同，但是在风格上和谐统一，主要是造园者遵循了三苏文脉，处处都体现了三苏的人文气息。

瑞莲亭是为了纪念苏洵而建。苏洵曾种瑞莲于池中，每年夏天有并蒂莲盛开，地方人士认为这是科举中榜的吉祥兆头，清康熙年间，眉州州牧赵蕙芽寄希望地方学子科举，便建了今天的瑞莲池。木假山堂也与苏洵有关，据说苏洵有一次偶然购得了木假三峰，置于家中，并撰写《木假山记》，叹其“不幸而为风之所拔，漂沉汩没于湍沙之间，掩泥沙而远斧斤”之幸者。赞其“中峰魁岸踞肆，意气端重，若有以服其旁之二峰。二峰者，庄栗刻削，凛乎不可犯，虽其势服中峰，而岿然决无阿附意”。木假山峰昭示着不朽的道德精神和高风亮节。

披风榭的由来则缘于陆游对苏轼的景仰。据记载，南宋淳熙年间，诗人陆游来眉州，曾游览三苏祠，登披风榭，瞻仰了东坡遗像，并写下了《眉州披风榭拜东坡遗像》诗，其中“孕奇蓄秀当此地，郁然千载诗书城”一句广为传诵，后人为了纪念苏轼、陆游而建披风榭。

全园景观的点睛之笔在于一处框景手法的运用。从瑞莲亭或百坡亭北望，东坡盘陀坐像恰好被框景于披风榭中，使原本与披风榭相隔一段空间的东坡盘陀坐像仿佛位于其中。

三苏均是大文豪，历代文人墨客带着崇敬和赞叹游览三苏祠，留下了许多名文佳作。朱德元帅游览三苏祠后，曾写诗赞道：“一家三父子，都是大文豪，诗赋传千古，峨眉共比高。”当然，游人最为瞩目的还是三苏祠内的众多楹联，它们成为三苏祠别具一格的人文景观。其中，清代张鹏翮的一副对联最值得品味，张鹏翮是康熙年间进士，历任苏州知府、浙江巡抚、刑部尚书、河道总督、两江总督、户部尚书、文华殿大学士兼吏部尚书等显赫官职。可以说是集政治家、文学家、诗人、水利专家、教育家、外交家于一身，他是清代268年间四川官位最显赫、名声最响亮的人物。他为三苏祠撰写的对联为“一门父子三词客，千古文章四大家”，此联高度评价了三苏父子的文学成就及其在文学历史上的地位，立意深远，简约严明，有强烈的感染力。清代楹联家梁章钜在《楹联丛话》中评价此联说“眉州三苏祠中，楹联林立，殊少佳构。惟大门有张鹏翮一联，最为大雅”，可见张鹏翮一联，是清代三苏祠楹联中写得最好的一联，不仅列三苏祠楹联之冠，也享誉于巴蜀大地。

三苏祠除了建筑具有人文色彩外，植物造景也颇具匠心。祠内的植物园有的命名就取自于苏东坡的诗词典故。苏东坡曾多次赞叹西蜀海棠，据说，他被贬到黄州时，住处杂花满山，而独有海棠一株，对于这株幽居独处的海棠，苏东坡联想到自己的身世，感慨颇多，视为知己，多次在海棠树下饮酒赋诗。他还专为这株海棠写下了著名的海棠诗：“东风袅袅泛崇光，香雾空蒙月转廊。只恐夜深花睡去，故烧高烛照红妆。”这首诗也成为千百年来，人们赞颂海棠经常引用的名诗。三苏祠现今设有海棠园，栽种了贴梗海棠、垂丝海棠、矮子海棠等海棠品种，

花开季节，满园海棠姹紫嫣红，为三苏祠增色很多。

苏东坡酷爱竹，曾说“宁可食无肉，不可居无竹；无肉令人瘦，无竹令人俗。”他写竹子的诗文达 30 多首，不仅写竹，他还画竹，所画的《竹石图》流传后世。苏东坡归纳画竹的体会为“画竹必先有成竹于胸”，成为著名典故。为了纪念苏东坡，三苏祠内植物造景以竹为脉，遍植翠竹。种类繁多，包括慈竹、琴丝竹、苦竹、佛肚竹等，使三苏祠成了巴蜀大地著名的竹园，也展现了浓郁的地域风貌和人文特色。

三苏祠内有大量历代刻印的三苏文集及有关古籍，还有数百件字帖拓片、千余件明清及近现代书画、陶瓷等，尤其收藏了一百多通碑刻，包括“丰乐亭记”“醉翁亭记”“表忠观碑”和“罗池庙碑”四大名碑的金石碑文或碑拓本，这些都是三苏研究、陈列展览的珍贵资料，也是三苏祠的无价之宝。

望江楼

“别路云初起，离亭叶正飞，所嗟人异雁，不作一行归。”熟悉这首诗的人都知道，这是一个七岁小女孩写的诗，这个女孩就是唐朝著名女诗人薛涛。成都望江楼就是为纪念这个自幼聪慧，以诗著世的薛涛所建的一处纪念性园林。望江楼有薛涛遗迹始于唐代，以望江楼命名却在清朝光绪年间，这也能看出，从唐代以来，人们从未中断过对薛涛的怀念和追思。

薛涛自幼聪颖好学，才智出众。父亲去世后，因为家庭贫困，15岁便成为乐伎，后逐渐成名。她能诗善文，又精通音律，为那个时期剑南西川的十几任节度使所赏识，节度使韦皋曾举荐薛涛出任校书郎，因没有女性任此职务的先例，未被朝廷允许，但是薛涛自此被人称为“女校书”，也被人称为“扫眉才子”。据记载，薛涛有诗五百首，与她同时代的元稹、白居易、裴度、杜牧、刘禹锡等很多著名诗人都对她十分推崇，并与她互有诗词唱和，元稹赞誉她“锦江滑腻峨眉秀，幻出文君与薛涛”。据传，元稹还与薛涛有过一段感情，可惜不够珍惜，在他去了扬州之后，两人联系中断，感情也便没了下文。薛涛却终身在等待元稹。薛涛诗作后来大多散失，流传至今的仅仅89首，成为《全唐诗》其中一卷。

其实薛涛并非成都人，她生于长安（今陕西西安），父亲在四川为官后，她随父入蜀，居住在成都东门外锦江河畔，没有在望江楼居住过，墓地也不在望江楼，可是望江楼偏偏成为纪念薛涛的胜地，其中有两个原因：一是此地被讹传为薛涛墓所在地，容易引起人们对薛涛的追思。二是明代初年，官府曾在这里仿制薛涛笺，据传当时汲水制纸的玉女井就是薛涛曾用过的水井，也称薛涛井。正因为一墓一井，从明清时代起，就不断有人到望江楼一带凭吊这位享誉千载的女诗人，或谒墓，或登楼，或访井，或赏竹，留下不少诗文楹联。今天的望江楼公园，依旧以纪念薛涛为主题，人们可观楼，可赏竹，在观楼赏竹之间，缅怀诗人薛涛。

望江楼又称崇丽阁，是望江楼的核心建筑，楼高 39 米，飞檐翘角，雄伟壮观。每层都雕梁画栋，饰有精美的泥塑和雕刻。因为临江而立，阁楼又高，登楼眺望，眼界开阔，加上楼上的对联有一句“望江楼上望江流，江楼千古，江流千古”，十分精妙，“望江楼”之名便不胫而走，望江楼也成了成都的标志性建筑。此外，还有濯锦楼、吟诗楼、薛涛井、浣笺亭等建筑，以及流杯池、枇杷门巷、泉香榭、清婉室、五云仙馆等新建景观，它们与望江楼共同组成了主题突出、风格协调的望江楼公园建筑群。

薛涛墓之说缘于唐代。据记载，薛涛晚年在成都远郊筑起吟诗楼，隐居其中，直至唐文宗太和五年逝世，时年 62 岁。当时的剑南节度使段文昌为她亲手题写了墓志铭。唐末郑谷有一首诗描述薛涛墓，但墓葬在何处，尚待确考。明清两代均记薛涛墓在城东数里，即今望江楼一带；明代不知何人何时在薛涛墓前立一墓碑，上书“西川女校书薛涛洪度之墓”，后来也消失了。薛涛墓的具体位置尚无定论。如今望江公园内有薛涛的土冢，高 6 米，周长 10 余米，成了人们缅怀这位才女诗人的实物。

薛涛井之说始于明代。据传，薛涛在成都期间，吟诗交友之余，她常把乐山特产的胭脂木浸泡捣拌成浆，加上云母粉，渗入玉津井的水，制成粉红色的特殊纸张，纸面上呈现出不规则的松花纹路，清雅别致，她便用这种纸来誊写自己作的诗，有时也送诗笺给友人，人们把这种纸笺称为“松花笺”或“薛涛笺”。

唐代文人喜用彩笺题诗或书写小简，实际上是受了薛涛影响。今天薛涛井所在地原名玉女津，系明代蜀王命人在此汲水仿制薛涛笺之处，故名薛涛井，后人便认为薛涛当年在此造笺。由于井水经砂质地层过滤，甘甜清冽，所制出的纸为上品，自此，不少文人在此题咏薛涛井。清康熙三年（1664 年），冀应熊书“薛涛井”三字，刻石立碑于井畔，至今犹存，也就是从那时起，人们以为这里是薛涛的故居。

由于薛涛爱竹，她曾在《酬人雨后玩竹》诗中托物言志，有“晚岁君能赏，苍苍劲节奇”诗句，诗与人融为一体，后人将此诗看成是她的自我写照，于是总把她与竹联系起来。望江楼公园因而遍栽翠竹，似乎处处皆是薛涛诗魂化身。望江楼公园栽竹约 120 亩，达 230 多种，有观音竹、大眼竹、佛肚竹等国内外优良竹种，是全国竹种面积最大、良种最多的竹子专类公园，故有“竹的公园”和“天下第一竹园”的别称。薛涛像、薛涛墓均在竹林掩映之中，寓意这位爱竹的女诗人不仅以竹为伴，也有竹的虚空、清雅、秀丽。

望江楼的每一栋建筑，每一棵花草，都能激发起人们对薛涛的怀念，可以毫不夸张地说，没有女诗人薛涛，就不会有望江楼，而没有望江楼，人们也难以寄托对薛涛的追忆。

包河公园

在古城合肥，有一处以纪念清官为主题的公共园林，它就是包河公园。包河公园地处老市区的环城河畔，由包公墓园、包公祠、浮庄、清风阁等几部分建筑组成，各部分建筑虽年代不同，却都与北宋名臣包拯有着密切的联系，成为人们怀念包拯，缅怀先贤的圣地。

说起包公，很多人自然会想到开封，实际上包公生于合肥，死后也葬于合肥，开封是他为官之地，开封的包公墓，只是他的衣冠冢。史书记载，包公，原名包拯（999—1062 年），28 岁中进士，因父母年老体衰，不愿随其外出做官，他便到 38 岁，父母过世后，守孝日满，才外出做官，由此赢得了“孝”的好名声。包拯为官期间，秉公执法，不畏权贵，铁面无私，在世时，就已被百姓尊称为包公，去世后，被宋仁宗赐予谥号“孝肃”。据说，包公去世时，开封府万人空巷，无数人失声痛哭，宋仁宗亲率文武百官去府上吊唁，还恩准他回家乡安葬。于是在 1063 年，包公去世 13 个月后，在朝廷专使护送下，由他的长媳、次子等抚棺回故乡合肥安葬。

包河公园并非包拯骨骸最初安葬地，这里在北宋年间曾是绕城河流，因包公为官清廉，深得皇帝信任，皇帝便把这段河流赏给了包公，包公家族便于此繁衍生息，这段河流也就被称为包河。包河上有

一处面积不大的洲，据传为少年包公读书、玩耍处，洲上原有一座小庙，明朝弘治元年（1488 年），被庐州知府宋鉴拆除，改建为“包公书院”，宋鉴还改洲名为“香花墩”。1539 年，御史杨瞻把“包公书院”易名为“包公祠”。从此香花墩上有了包公祠，包河一带即形成了以包公祠为中心的园林。后因时代变迁，战乱不断，多有毁坏。光绪年间，北洋大臣李鸿章作为包公同乡，筹集白银 2800 两，重修包公祠，并增添了东西两院。据说祠堂落成时，李鸿章曾想题匾悬挂，不料挂匾处已被其兄李瀚章捷足先登，挂上了“色正芒寒”的横匾，李瀚章时任湖广总督，又是其兄长，李鸿章不好相争，但他又不愿屈居偏旁，只得另写了《重修包孝肃公祠记》刻石于祠后，该石碑是研究包公祠变迁的重要史料，现移存于包公享堂。遗憾的是，“文革”时期，包公祠又遭破坏，此次破坏比历史上任何一次都要严重，北宋年间的包拯雕像被砸烂，世代流传的包氏家谱被焚毁，尤其是一幅依据包拯生前面貌绘就的包公画像被烧毁，成了无法挽回的重大损失。直到改革开放后，包公祠才又得到维修和保护。

维修后的包公祠白墙青瓦，古色古香，周边绿树婆娑，水波环绕，是包河公园的核心景点之一，全天向游人开放。包公祠正殿里，迎面端坐着八尺高的包公塑像，王朝、马汉、张龙、赵虎四个护卫的塑像侍立两旁，并置有包拯任开封知府时皇帝赐予他先斩后奏的三把铜铡：专斩皇亲国戚的龙头铡、专斩王公大臣的虎头铡、专斩地痞流氓的狗头铡。两边厢房陈列着包公墓出土的文物，包括《包拯家训》及包氏家谱等展品。一侧墙壁上，镶嵌着一块石刻，上刻“宋包孝肃公遗像”，呈黑发亮。这方石刻是清光绪十九年（1893 年）一位叫徐琪的人，请工匠以包拯在开封府任上的一方石刻画像为蓝本雕刻而成，据说是包拯真容。画上的包拯面如铁、气如虹、铁骨铮铮，只是帽翅格外长。关于画像帽翅问题，有一则有趣传说，据说包拯在开封府时，经常深入现场办案，百姓为了一睹风采，常把他挤得寸步难行。仁宗皇帝得知后，就赐给他一顶特制乌纱帽，帽翅比别的官吏长三寸，并下令：凡碰到包拯帽翅者，杀无赦。由于包拯爱民如子，不忍加害于民，所以每逢他步行办案之时，就由随从高声吆喝：圣上有令，碰到帽翅者杀。百姓听到后，便纷纷让路。还有一说，说仁宗皇帝为了保护包公上朝时，不因身材矮小被百官挤压碰撞，故赐给他这顶长帽翅的乌纱。传说归传说，包公个头不高是事实，后世为了尊敬他，把他的身长拔高了。

包公墓位于包公祠东南的松柏丛中，面积1200平方米，主墓呈“覆斗形”，北侧是附墓区，有包拯夫人董氏及其子、媳等墓5座。墓葬群属于迁葬墓，当年，包公骨骸由开封府运回庐州府合肥后，原葬在城东门外的大兴集，20世纪七十年代，因为墓葬所在地要建厂，被迫进行抢救性发掘。迁葬墓系按照北宋葬制和规格，于20世纪八十年代修建，其主墓地宫中竖立着包公墓志碑，为包公原藏墓出土，是迄今为止发现的记述包公生平最权威、最原始的史料。碑后面的棺材所用的木材，是专门取自于福建深山里的名贵木材金丝楠木，棺材里藏有珍贵的包公遗骨，为20世纪发掘包公原藏墓时所得，当时发掘的遗骨较多，后因特殊原因，大部分遗失，如今仅剩34块，它们代表了包公真身。包公墓规模宏大，建筑古朴典雅，满园苍松翠柏，地势起落有致，与相距不远的包公祠相映成辉，成为人们游览包河公园的必到之处。

浮庄于1985年建成，是博采苏、扬、徽派园林艺术精华，于包公祠东的岛上修建的一座仿古建筑物，由茶楼、曲榭、亭桥等景组成，因建筑群好似漂浮在上的古代村庄，故名浮庄。浮庄南大门上镶嵌的“浮庄”匾额，为原国防部长张爱萍手书。进门正中立有一尊真人等身铜像，为船王包玉刚的父亲——包公第二十八世孙包兆龙的塑像，立于1987年，塑像旁刻有包兆龙遗训“落叶归根，建设家乡，热爱祖国”。包兆龙及其子包玉刚创建环球航运集团，又热心公益事业，可以说是秉承了包公家风。浮庄主体建筑系徽派风格与现代建筑相结合的四合院，有二层楼房，楼名“寄畅”，内设茶社，为游人品茗赏景之处。浮庄内楼台亭阁环水而建，有莲舫、镜中天等景点，均配有意境深远的楹联，如“镜中天”里就有楹联“东西岛影含楼影，上下天光透水光”，“楼眼波翻天地窄，放怀月映水云宽”，“一堤杨柳莺啼树，四面荷花蝶戏鱼”等，游人至此，往往会联想到江南名园——寄畅园。

清风阁为1999年新建的仿古建筑，东连包公墓，西望包公祠，是为纪念包拯诞辰1000周年而建，占地2.2公顷，其中主体建筑是一高42米，明五暗四的仿宋风格的塔式阁楼，如今它已成为包河公园的标志性建筑，从阁顶可俯瞰合肥城市风光及包河公园全景。

包河公园除了庄严肃穆的古建筑群外，还有许多关于包公的传说，也成为不可多得的文化遗存。一是脚印塘。原为包河小岛上的一个池塘，与包河呈丁字形，拦腰横卧在包河当中。脚印塘长近 20 米，宽近 8 米，颇似巨人留下的一个深深脚印。传说，包拯幼年在香花墩读书时，常到此地游玩。那时岛北并没有“玉带桥”，有一天，包拯在这里玩得高兴想到对岸去看看，于是他猛地纵身一跳，到了对岸。因为包拯原为天上文曲星下凡投的胎，所以这一跳便在小岛上留下了一个又深又大的右脚脚印，天长日久形成一个小塘。所以人们称它叫“脚印塘”。二是廉泉。原为香花墩上的一口井，位于包公祠东六角亭，该井为包公生前所挖，系家庭用水的一口普通之井。由于包公一生清正廉明，后人敬仰包公，便将他家用过的水井也神话了。传说有一位太守贪官曾喝了井水，回家后头痛难忍，从此，百姓便称此井为“廉泉”，意思是贪官不能饮用。三是包河藕。包河香花墩、浮庄等处原有成片的莲藕，盛夏季节，莲叶接天，荷香满塘，据说这些藕都无丝，象征着包拯铁面无私。近年来包河清淤，原先的莲藕已不存在，公园又重新种植了成片的莲藕，据说藕种系经过精心挑选，依旧是无丝藕，这也是顺应了百姓的心愿。

如今，包河公园是合肥的名片，也是海内外包氏后裔瞻仰包公的所在，这里四季游人不断，南来北往的游客只要来到合肥，无不想一睹千年包公的面貌，无不想亲临包公墓园，感受一下包公的铁面无私，尝一尝包河藕的无丝和爽口。

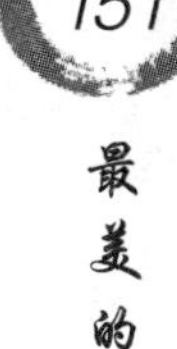